蔑 视

(瑞典) 谢尔·埃斯普马克

长篇系列《失忆的年代》之三

万之 译

Föraktet
蔑 视

失忆的年代长篇系列之三

Föraktet
蔑 视

KJELL ESPMARK

[瑞典] 谢尔·埃斯普马克　著

万之　译

世纪出版集团　上海人民出版社

FÖraktet

© KJELL ESPMARK 1991

ISBN 91-1-300698-3

1991年瑞典北方出版社（Norstedts）第一版

中文版国际书号：XXXX

中文版序

　　这个小说系列包括七部比较短的长篇小说，形成贯穿现代社会的一个横截面。小说是从一个瑞典人的视角去观察的，但所呈现的图像在全世界都应该是有效的。人们应该记得，杰出的历史学家托尼·朱特最近还把我们的时代称为"遗忘的时代"。在世界各地很多地方都有人表达过相同的看法，从米兰·昆德拉一直到戈尔·维达尔：昆德拉揭示过占领捷克的前苏联当权者是如何抹杀他的祖国的历史，而维达尔把自己的祖国美国叫做"健忘症合众国"。但是，把这个重要现象当作一个系列长篇小说的主线，这大概还是第一次。

　　在《失忆的时代》里，作家转动着透镜聚焦，向我们展示这种情境，用的是讽刺漫画式的尖锐笔法——记忆在这里只有四个小时的长度。这意味着，昨天你在哪里工作今天你就不知道了；今天你是脑外科医生，昨天也许是汽车修理工。今天晚上已经没有人记得前一个夜晚是和谁在一起度过的。当你按一个门铃的时候，你会有疑问：开门的这个女人，会不会是我的太太？而站在她后面的孩子，会不会是我的孩子？这个系列几乎所有长篇小说里，都贯穿着再也找不到自己的亲人或情人的苦恼。

失忆是很适合政治权力的一种状态——也是指和经济活动纠缠在一起的那种权力——可谓如鱼得水。因为有了失忆，就没有什么昨天的法律和承诺还能限制今天的权力活动的空间。你再也不用对自己的行为承担责任——只要你成功地逃出了舆论的风暴四个小时，你就得救了。

这个系列的七部作品都可以单独成篇，也是对这个社会语境的七个不同的切入视角。第一个见证人——《失忆》中的主角——是一个负责教育的官僚，至少对这方面的灾难好像负有部分责任。第二个见证人是一个喜欢收买人心的报刊主编，好像对于文化方面的状况负有部分责任

(《误解》)。第三个见证人是一位母亲,为了两个儿子牺牲了一切;儿子们则要在社会中出人头地,还给母亲一个公道(《蔑视》);第四位见证人是一个建筑工人,也是工人运动的化身,而他现在开始自我检讨,评价自己的运动正确与否(《忠诚》)。下一个声音则是一位被谋杀的首相,为我们提供了他本人作为政治家的生存状况的版本(《仇恨》)。随后的两个见证人,一个是年轻的金融巨头,对自己不负责任的经济活动做出描述(《复仇》),另一个则是备受打击被排斥在社会之外的妇女,为我们提供她在社会之外的生活状况的感受(《欢乐》)。

这个系列每部小说都是一幅个人肖像的细密刻画——但也能概括其生活的社会环境:好像一部社会史诗,浓缩在一个单独的、用尖锐笔触刻画的人物身上。这是那些伟大的现实主义作家如巴尔扎克曾经一度想实现的目标。但这个系列写作计划没有这样去复制社会现实的雄心,而只是想给社会做一次X光透视,展示一张现代人内心生活的图片——她展示人的焦虑不安、人的热情渴望、人的茫然失措,这些都能在我们眼前成为具体而感性的形象。其结果自然而然就是一部黑色喜剧。

这七个人物,每一个都会向你发起攻击,不仅试图说服你,也许还想欺骗你,就像但丁《神曲·地狱篇》中的那些人物。但是,这些小说里真正的主人公,穿过这个明显带有地狱色彩的社会的漫游者——其实还是你。

2012 年 9 月

译注:

托尼·朱特(Tony Judt,1948—2010)为英国历史学家,其代表作是《战后:1945 年来的欧洲史》。米兰·昆德拉(Milan Kundera,1929—)为长期流亡法国的捷克作家,代表作有《生命中不能承受之轻》等。戈尔·维达尔(Gore Vidal,1925—2012)为美国作家,擅长创作当代历史小说。所谓"健忘症合国"英文为 United States of Amnesia 和"美利坚合众国"United States of America 谐音押韵。

我相信，我的生活是在我父亲朝我弯下腰来的那几秒钟里开始的，他盯住我的眼睛，用压低到除我之外别人都听不见的声音说："艾琳，你只是臭大粪。"他还按住我的肩膀，这样我就无法转身，避开他说的话。

一切都是做得很准确的，是那种老式过时的做法。他身后的窗户是有格子的，窗户的两个半边都分成三格。玻璃闪着冷酷无情的光芒；只有一绺忘记拆掉的冬天用于隔离保温的棉絮还能减弱那种尖锐。窗台上那些瓷狗警觉地偷看着你，而天竺葵屏住了呼吸。一切都是精确蚀刻出来的。这里没有误解的空间。我没有听错。

自然他又是喝醉了。眼睛烧得血红，目光好像融化了一半，有点惺忪不醒的样子。脸颊已经松弛，耷拉着好像两个袋子，而他用一个食指在我的眼前晃来晃去吓唬我，这手指还和他的整只手一样颤抖不停。就好像他身体里已经没有什么骨骼而散架了,或者关节已经松软得再也撑不起来了。但是醉酒也并不会改变什么。恰恰相反,正是在这种醉醺醺的状态里,他能把真正装在内心里的东西释放出来:你是不受欢迎的!而你就证明我们做对了,该死的对了。

外面有一个世界,但是这世界直径也不超过几百米。一切都是围绕着这些肮脏瓦片盖顶的低矮排房活动着。没有树,基本上没有绿色。那些修剪过的柳树在比较远的地方:像是在守卫着朝向田野的边界,朝向那些不是这个世界的一切。真实的是来自窗前那些嚼舌女人的说话声,是院子里孩子们大呼小叫的声音:"嗨,娘,把茅坑钥匙扔下来,再给我扔个三明治!"在底层放着父亲当作工具房用的一间小房子;他好像是个电工———直有电火花紧张地围绕着他散射。这是一个压缩了的世界,但是天空就像一个凹凸不平的垃圾桶盖,盖在有些塌陷的房顶上。有传言说在外面发生了什么事情:亲戚们驾着马车到了下乡的旷野上,中国的皇帝有着和阿勒斯报的纸张一样的脸色,甚至还有划独木舟的黑人翻倒在激流险滩里的危险。不过这些都是传说,都是故事,没什么真的。

这个小小的世界没有我的位置。我只是个过客。无论如何我母亲肯定还在这里面,但是我看不见她。肯定是我的眼睛有什么不对头。或者是她有意不让我看见她。不管怎么说,在这幅图景里没有她。可是总还是多出了一个人。我能用我燃烧发烫的脸颊感觉到是谁。

"只是臭大粪!"我没做什么事情,可以证明这些话是对的。一个孩子**不会**做什么事,让一个成人有权力去诅咒……不,重点不在于我会做出什么事情,而是我父亲对我有什么感觉,对我有什么预期。他的判断不是总结我们已经做过的事情,而是预言未来。他布满血丝的红眼睛盯着我的未来,而他松垮的嘴唇动弹着努力说出那些话,说出他以为他在未来那里看到的东西。

他不想要我。而我母亲也躲了起来,躲开今天的一道道试探她的目光。不论是我父亲还是我母亲都不要我。而我就是心里不情愿,也得说他们是对的。

这是我人生最初的记忆。是啊，我知道记忆这个词现在已经不用了，但也是适合这幅画的唯一的词吧，这幅画既清晰得让人感到刺痛，同时又那么遥远不像是真实的。触碰这种记忆必须小心，因为每一次触碰都会让你疼痛。它本身当然就是一个伤口，是那种从来愈合不了的伤口。大概就像我腿上的那些伤口，右脚上也有一个——顺便说起来，这个伤口你还能看得到，因为它甚至忍受不了床单的触碰。伤口周边有斑点的地方总是疼痛，伤口边缘发黄红肿，还有中间的脓水总是不断——我记得的就是这个样子。留下来的正是伤口，会继续作证。只有疼痛能够战胜失忆。

　　最好还是我继续用这种方式说下去，按照顺序来，这样你就能了解一点有前后关联的"我的生活史"，只要一种生活的令人刺痛而且讨厌的碎片还能多少建立起一点前后关联。它其实就和我的身体一样：各个部分都在游动徘徊。我想我已经等了你很久了。我当然知道，肯定是得从省议会来的什么人处理我的病案。你也知道，我自己也是这个游戏的一部分。**天意**当然也不能只看看温度曲线、上颚或肛门的湿度值或者早晚的咀嚼压力大小等等。我也非常清楚，你们的意思是必须在数字范围内来登记人类，这样才能给人类最经济的医疗保健，才能控制所有在我们周围流动的欲望，不要等这些欲望先来伤害我们。当我突然听到你到了我脑袋斜后方，听到你的呼吸，听到你把椅子挪得更近，我就明白是谁来了，就知道到时候了，我该做你和你那些人叫做诚实的那种事。我也许可以用另一个词来形容这种事，但现在也是一回事，没什么关系了。

你必须明白，这可是很花费功夫的。你向我要求的实际上是我本来不会无偿提供给任何活着的人的讯息。我最怕麻醉，胜过害怕一切其他事情，那就是因为我怕自己失控，那个时候就什么都可能说出来。但是我理解，在眼下这种情况下，我没有权力拒绝**天意**充分地看到我的里面。我知道你们都是一片好心。

要不是我也有自己的小算盘的话，也许我现在应该好好想想是否和你们合作。最好我们还是从头开始，再把事情敲定，免得所有那些让人厌烦的误解。我告诉你所有这一切，并非因为你的什么调查或者分析或者报告，或者你现在需要获得全部讯息的什么值得注意的文章。我也是为自己打算，要利用这个机会搞清楚我自己的生活，因为现在终于有了那么一次，有人真正听我说话了。我又没法跟值夜班的说。**这人**半分钟之后就会睡着了，然后想说的话就堵在我嘴里，就像一堆碎饼干屑。而思想也会原地踏步不前，甚至不知道刚才是往哪个方向走的。你得有人听，嘴里才有话说，才能开始想象。不行，你得让我在你调查的时候，同时还做我自己的小调查。我保证，我不会和你竞争把你挤出去。我要寻找到的完全是另外的东西。

真对不起，我们不得不在这么个该死的乱七八糟的地方谈话。我明白，你觉得很麻烦，但是对我其实更糟糕。整个房间对我就是一种羞辱，就是连续不停的侵犯。只要我还能记得——无论如何，人们还不是说到记忆吗——只要我还能记得，至今为止，那些能找到这里来看望我的人，都被迫跨过这些空纸板箱和塑料袋，踏过这些苹果皮和洒在地上的一块块稀粥，趟过这些发臭的尿布和踏得稀烂的报纸，还要一直不断挥赶那些成群的苍蝇。我实际上是住在一个垃圾堆里，还不明白为什么。那些护理员在这里出出进进，从来不碰垃圾——好像他们也根本没注意这里的垃圾。要是我提到垃圾这个话题，他们肯定难为情，就把话题转到别的事情上。要是我缠着他们不放，他们就闭着嘴什么都不说。我想他们不是懒惰，相反，他们很勤快。我还有一种感觉，他们其实是很关心我的。此外我还有办法来保证他们关心我。不过，我周围的垃圾、臭气、肮脏，这一切是唯一的从来不断的羞辱，这是他们不想插手的。这是一种很奇怪的假正经，我从来学不会。他们要赖掉昨天晚上干的潮湿黏糊的冒险事情的时候，一点也不嫌麻烦，但是，如果你要提到这个让人不可理解的垃圾堆，它都成了我的生活，肯定也是很多其他人的生活，他们就会吓得惊跳起来了。

我现在过的这种日子，我躺在这里过的还跟你胡扯的这种垃圾生活的一章吧，只有一个词做标题：为什么？我必须找到一个像那么回事的回答。我最后真是绝望到了极点，随便什么让我难堪的真相都准备接受了，是的，要是需要的话，就是让我对着最让我讨厌的镜子照照自己的样子也行，只要让我知道真相就行。事实上我不信我和这场游戏有哪怕一个指头的关系，但是，对我感觉到的这种陈腐的蔑视，对这种一直围着我转的臭气，**如果**我自己也是该负有责任的，不管是通过什么奇怪的方式，那么我也是准备正视的。

我理解你的沉默不说话里面是有你的怀疑的。你不相信我敢正视自己该分担的这样的责任。甚至不相信我真的愿意。想一想，你就像我的两个儿子，都认为我不敢为我说的话或者我做的事情的结果负责。这你可错了，就和我的儿子一样错了。我**愿意**正视，即使我最后了解到的事情会把我钉死在床上。然后，我会让别人知道什么，那是另一码事。你不还是有保密的责任吗？这点你可别忘记！

我还得搞清楚，这股总是缠着我的恶臭是怎么回事。我有过的最初的记忆图像里，那是一种烧酒的气味，几乎就像我父亲说的话里的蔑视一样强烈。如果我把这么多年添加的伤口都拿出来给你看，如果我们能一起来检查检查全部这些创伤，其实它们就代表了我的生活，那么迟早肯定会有某种模式出现，至少可以看到某些关联，帮助我搞清楚为什么我的整个生存都是这种呕吐物的味道，为什么人们这么对待我，就好像我的家就在这里的垃圾堆里。

还有，如果**我**不能看到事情的前因后果，也许还有你能看得到。

我只有两幅来自我的童年的图像。一幅图像是我前面已经告诉你的。另一幅图像有一个寒冷的框架，还有零星的雪花飘过傍晚的昏暗——而非常靠近的是：多毛的、闪着光的恐怖。不过，并不是这幅图像本身是个伤口，而是那种被遗弃的状态，恐怖的事情正潜入进来，越来越近，也是一种充分的孤独，此刻你有了极好的机会进入这种孤独，但是你无法利用它，也不准你利用它。

我注意到，我好像是在说什么谜团，我应该说清楚我在这个过去的伤口里能读到什么。我和其他女孩子们坐在一个大车里，朝着旷野上的那个白色农庄驰去。我能感觉到我扶着的铁车栏杆的冰凉——手套肯定是在惊惶中丢掉了。显然，我是这天更早的时候就在女佣人的下房里听说了狼人的事情，在晚上满月低低挂在柳树梢上的时候，狼人的事随时都会发生。只有一个人，那个命中注定的人，能够看得见狼人，但她在之后二十四小时内不许说出一个字，这是看见的条件，否则，这个毛茸茸的恶魔就会撕烂她的肚子，把子宫给吞吃掉。当然，他先要咬她的喉咙，因为这喉咙不懂得要把话吞在肚子里。最阴险狡猾的是，这个从地狱里来的野兽看上去就是一条普通的狼狗。但是你还是可以把它认出来，因为它只有三条腿。

我刚发现它跟着我们的大车！灰色的毛皮只是时不时地在黄昏的微光里出现，但是牙齿闪着光，眼睛也像火柴点着的时候那样放光。它只有三条腿，还一瘸一拐地走，要骗我说出同情它的话。而其他人好像根本看不见它。

当我们的大车包铁皮的轮子在鹅卵石的路面上滚过的时候，好像现实也在嘎嘎作响。回声在周围的农庄院墙之间游荡，证明所有这些都是真实存在的。要是没有狼人等在牛圈后面的阴影里，那么这个地方还算是生活里的安全所在。

车倌把缰绳扔给来接人的长工，赶紧转过来把我从大车上抱下来："可你这是怎么啦，艾琳？你看上去吓得要死。什么东西把你给吓成这样？"

我咬住嘴唇不说，咬紧牙关不放松，尽管血都流到了下巴上了。我不能松口，这样就不会有一个字从嘴唇里掉出来，不会有那个毛茸茸的、牙齿还发亮的、咆哮的东西扑到我身上来，把我的白花花的内脏都扯出来，撒在这个庄院的场地上。

"咦，亲爱的小艾琳，怎么啦？"

这真是比其他任何事情都难：在人群闪开一条缝，你能走进一大圈温柔热情的人中间去的时候，还被迫沉默，不能说一句话。都说人是用舌头给自己挖掘坟墓的，也许这是真的吧。也许我一直忙着做的事情就是这个。但不能说话则是更糟糕的事情。

肯定是我的爷爷——或者是我的外公——把我颤抖的身体抱进温暖的屋子里去。——瞧吧，我发现她在车上就是这个样子。她肯定是发高烧了，小可怜。提尔达，你得让她开口，这样我们才知道她是怎么了。你至少这回得把她抱在怀里，虽然她其实够大了，不该再抱着了。她要是就这么不说话，那就要把命都丢了。

房间里面所有颜色都是暖色的。家具和人们脸上都是一种柔和的金黄色光泽。这就像谁画的一幅油画……他叫什么，那个丹麦的画家？那幅画里有一个女人站在门口不动，好像那个门是从来不关的；还有一个房间，像是总在热情欢迎你的，墙壁上有你看不见的一个枝形大烛台的反光。每一块木头都放射出安全的光泽，是反对外面那个毛茸茸牙齿闪亮的野兽，那个让人不可理解的东西，在我张嘴说话的那个瞬间，它就会横穿过窗户，在一阵下雨一样的玻璃碎片中冲进房间。

这是我的父母把我放逐之后我自己真正的家。我想，我弟弟生下来的时候我母亲受够罪了，以致于觉得她再也没精力管我了，就把我送到乡下农庄这里来，让父亲的亲戚——或者是她自己的亲戚收养我。这恐怕是我生活里最幸福的日子了。这里的人都是热心肠，又慷慨又大方，都把我当作自己的孩子一样疼爱。他们教我知道了幸福是怎么回事——而那就是一个你只是做客的地方。

这里没有什么事情和我母亲或者父亲有任何关系。没有一张照片，抽屉里没有一封还保留着的信，甚至连他们的名字的回声都听不到。尽管如此，他们又一直在这个地方：一种让人刺痛的缺席。就像黑暗的剪影，就像在这里的家庭图画中剪掉的洞。更多的失落感，也许也是更真实的羞辱感，其实一直是在这里。他们不要我。我就是没有人要的孩子。

我被一个女人抱在怀里坐在炉火前面，她一定是个姑妈或者是姨妈。她用上教堂的手帕擦掉了我脸颊上的血，一边还反复地说着安慰的话：好啦。好啦。现在艾琳什么都不用怕了。

她看不见窗户外面那个牙齿阴森森地闪光的野兽。我很愿意对她说，她，也只有她……此时此刻正是好机会。这种好机会是不会再来的。

最可怕的事情就是你不能说话。在我整个生活中，不管怎么说，我肯定还是成功地度过了一个又一个难关，靠的就是我会说话的本事。要是有时候我付出很大代价也没法摆脱困境，那么肯定就是在**这一点**上出了问题。对那个被夹在剪刀里的人的同情，滋味可能还是很开心的，也许就像有人无论彩票什么概率总能赢，你对他只好羡慕，心里不情愿也得敬他三分。

如果说话太多是有危险的话，如果真有因为说话而下地狱那种事情，是啊，那么这个野兽就是这种事情的好象征了。只要你说一句话，恐惧就能抓住你。

我相信它**已经**抓住我了。

经过所有这些年，我最后还是在这里找到了一个家，至少是乡下那个家的一个反射，这个家就在这些可爱的护理员们中间。她们里面没有一个人知道一点我的事情；每天来的都是新手，能管得过来的事情，就跟我姑妈相差无几。我能派上用场的时候，在我倒了霉而把自己包在同情感的全部欢天喜地里的时候，他们对我还是很赞赏的。可我没能咬住牙不说话。狼人肯定还是把我抓住了。

现在你可别以为我总是像刚才给你看的那段生活里那样愁眉苦脸的。相反，我的客户，还有我的很多朋友，大都习惯于说我总是高高兴兴的，满脑子想法，很会说笑，会给大家讲有趣的事情。也许就是我那俩儿子不太相信我其实也有很快乐的时刻，就好像坏天气里偶尔露出一线阳光，也是靠不住的。不论什么情况下，他们总是担心出现最糟糕的事情。他们不敢承认，就在我们的生活里，不管怎么样也依然有光明轻松的时刻。

有时候，我肯定还能把这里整个病区的人都逗乐，都跟着我高兴。好比在他们为我的悬浮病做新的治疗之前，你大概知道我得了慢性的失重症。那个时候他们就把其他所有人都叫来，有坐轮椅的，或者是坐在外面搬进来的扶椅上，也有一两个人就半躺在地板上，用一些捆扎起来的纸板箱子做靠背，人人手里都端着叮当作响的咖啡杯，房间里就充满了他们的笑声。我当然是飘到天花板上了，还勉强能保持不散架，头已经一半朝下，而同时还一段又一段地给大家讲我多姿多彩的生活里的插曲。我肯定是兴高采烈心情极好，一时都忘记了天花板会擦伤在几个星期甚至几个月里都压向它的皮肤。

就是天花板上的那些黄色斑痕，它们帮助我记起了一些事情——或者用更好的说法：把我拉到了记忆里。医生们和平常一样是瞎碰运气，试用这种或那种药，除了让你恼火地尿急小便多之外，没什么其他效果。那么我悬在上面也不容易得到什么帮助。肯定有护理员站在梯子上，用圆尿盆和尿布隔挡着，这样尿就不会飞到天花板上去。奇怪他们还去做什么谈话治疗！可是不论怎么样，他们也没能阻止得了我。你要是仔细看，肯定能看到白色粉刷面里那大片的黄色痕迹，尽管我事后曾经尽量把它们洗掉。这里其实需要重新粉刷，可自然没有钱来做这种事。

我说到哪里了？对，我躺在那里，都擦到了天花板。他们自然在我和天花板的白色粉刷面之间垫上了床垫和床单，但是当我转身的时候这些垫子和床单就掉下去了，我就躺在那里，依然磨擦到那根可恶的天花板吊灯的电线。我身上那些褥疮肯定是就是这么磨出来的。我肯定治好了这些疱疱，但是好几个月擦着天花板，实在是太麻烦了。

医生巡查病房的时候，医生、病区主管还有护士们要挤在梯子上，那情景真是有趣让人发笑。他们问我："在这上面你觉得怎么样？"

要是我还在我的老工作上班，我大概要认真考虑把给我检查的这个女医生要缴付的人身安全保险基本额大大提高，她摇摇晃晃地站在梯子的最高一级，一边还想把我的身体翻过来，好用得上她的听诊器。

有时候我肯定感到难为情死了，让我自己成了这样一种奇观。我当然知道，人对自己生什么病不能负责，但是悬浮病可是滑稽的毛病，因为衣服并不像身体那样悬浮起来，它们会往下垂着，还都半松开着，所以当你睡梦中翻转了胳膊或腿，为的是不让四肢也睡着，这时候你绝对不知道你暴露出了多少自己的不幸。

我为此害羞，这是一回事。而这里的工作人员对我开始厌烦那是另外一回事，而且是更糟糕的事情。你想，要站在摇晃的梯子上，在我和天花板之间铺床单和床垫是挺麻烦的事情。哦，在中间被夹住不能动的不管怎么样是我的身体，就是说我还剩下的身体。更糟糕的事情一定是要让毯子和盖在身上的床单能挂得住。你必须用床垫上的安全带来绑住。当然，并不需要因为保暖而用毯子。因为在这上面其实是太热了。不过，人们跑来跑去进出房间的时候，你还是需要什么东西遮挡遮挡自己的身体。

工作人员恐怕也对一日三餐这种复杂的事情烦透了，因为吃的东西总是不断掉到地板上，人们在溅出的牛奶和冷了的意大利面条的混合物里常常滑倒。

现在这样子是容易多了。有了这些结结实实的重量就能把我保持在床上，在我身体的每一部分都有的重量。

最让人疲惫的还是不能给我确实的诊断。你也知道，失重本身并不是什么病，而只是一种症状，到底是怎么回事，就我的情况来说，他们一直没有搞清楚。结果就出了我们大家都知道的这件事情，尽管我们把个别的情况全都忘记了：医生虽然尽力了，但还是不能确诊，这个时候他们就把怒气转到病人头上了。他们简直就不想再看见我。我注意到，他们把失重看成是我自己的错误。好像悬浮症是什么身心上的问题，就和胃溃疡或者心跳过速差不多。过去他们还能考虑到根源是在社会状况不好。自然啦，我的皮肤本身就能记住这种推论。那个时候，他们想过让我入党，当作一种治疗手段。但是这种病全是该死的身体原因而不是思想问题。你也绝对不会因为感情的原因而去撞天花板，同样也不会因为一个错误地建立起来的社会的原因而悬浮起来。

可我就这么躺在上面,一边讲话,一边还要努力端好咖啡杯,不能放错地方。有一个比较活跃的病人总是把梯子斜靠到墙上,然后爬上来递给我一些燕麦饼干。因为我总是把多得可怕的碎片洒落在下面的众人头上,他们再也不敢给我什么奶油蛋糕一类的东西了。尽管如此,饼干还算不上是喝咖啡的时候最开心的事情。不,最开心的是当我讲了一段我生活里这样那样的悲喜交加的故事,至少是很可能发生过的事情,有一个瘦小的男人就会不嫌麻烦地又把梯子撑开架起来,摇摇晃晃地爬上来拍打我的胳膊。他还抚摸我,尽管用不着!

可我记不住事情了。我明白，你坐在那里已经越来越不耐烦了，手里拿着文件夹子，只等着我说这破日子烂生活里的下一段故事。不过，说起我长大的那些年月，我怕的是我只剩下一张图片了。或许我得说，只剩下另一个伤口了，一个足够大的伤口，在所有其他伤口里面也是独树一帜的。在化脓的边缘这里，我可以读到我上高中的时候那个崇拜者的故事。他自己的情况也不妙：脸上和手上都有很大的老鼠咬过的伤疤。就是这种样子，我才能把他拿回来。

不过这伤口本身是我妹妹把他从我手里抢走的时候留下的。她叫什么来着，格列塔？或者叫"碧藤"？算了，我们就叫她格列塔吧，这对她还比较合适。她也没成什么大器，也不需要成什么大器，不费一点力气她就什么都有了。她比我晚生了好多年——自然是孩子又受欢迎的时候生下来的。生活里随便什么她都自以为有权力先拿先尝。我那个崇拜者是个很英俊有点乡下气的小伙子，也有点自以为是，尽管我腿比较粗什么的，他还是喜欢我，我把他带到家里来，我妹妹就只要多看他两秒钟，还做出眼皮耷拉下来的羞涩样子，我就把他给丢了。开始的时候我自然什么都没注意到。我一点防备都没有，就让我妹妹请他陪着去城里玩，还是很晚的时候。等我想说不行的时候就已经太晚了。我想，那个时候她就把我捉摸透了，她想拿走我什么东西就能拿什么，不要的扔下，这里留下一个吃了一半的肾，那里丢下一点记忆。

她是大家都宠爱的人，是我父母看得上的人。也是迈克尔——对了，那个小伙子就叫迈克尔，想不到我还记起来了！——是他能看得上的人，到了那种我说话他都再也听不见的程度。不到他自己也被吃得差不多的时候他是听不进去的。我说了又说，生怕我要开始吵架了。只能满足一种二手货的爱情吧。

事实上我天性是大方慷慨的。我给上帝和全世界都送礼物，总是不忘日历牌上面的那些红日子，然后就想着准备什么东西能让人有些小小的惊喜。不，不仅仅是因为贿赂能给我带来同情和更好的待遇——那样解释都是男孩子们的小心眼。实际上是我喜欢给人东西，向其他人伸出我友谊的手。

糟糕的事情都是发生在后来。这都是和格列塔留下的伤口有关系的。如果我把什么东西送给别人，那么事后就会发怒，或者说，更是深深的苦闷，而不真是怒火。就在我正因为人家愿意接受属于我的一点东西而感到高兴的时候，接受我礼物的人身上就会有格列塔的影子跳出来，我就觉得我又被人骗了。我就想把给人的东西立刻要回来。痛苦就会传遍全身：什么都不能给她！

我们是在鬼魂中间生活吗？就好像历史已经崩溃，来自不同时代的碎片就互相堆在了一起。你根本不知道哪些幽灵不知不觉就进入了你的生活。

也不用记住什么细节，我就明白了，在我们后来的日子里格列塔也不时会来找我。我看见她在我们这层楼里到处跑来跑去，不停用鼻子嗅着，用她敏感的胡须找什么。她的爪子在地板上抓挠。她现在肯定已经生下了一大堆的小崽子，经济拮据，尽管她那老公不知在哪里还有一个很不错的职位，他们有花园洋房，有奔驰汽车，事实上：很遗憾的是掺杂着自吹自擂吹牛皮的。同时还有那种让人非常熟悉的到处用鼻子去嗅的动作，意思是：这里有什么东西我还能要吗？

什么都不能让她拿！

而我没好好考虑就让她拿去的东西我要拿回来，不管她愿意用什么鬼样子来显出原形。

想想看,我有多恼火吧。其实我就是那种写读者来信的人,当然是匿名的。你去瞧瞧窗子旁边那张桌子上的那堆报纸。你可以在那里找到我收集的我写的东西。你要走近点就能闻到火药味了。当我拿起笔来的时候,我当然不会温柔。我的眼睛里有一个玻璃碎片,不,我的眼睛就是一个玻璃的碎片,我能看得见我不该看到的东西。

比如说,我想这个小组里的其他人都不会记得一点点上午的咀嚼和记忆训练的事情了。可**我记得**,对了,请你原谅我用了"记得"这个词,这些我"记得"清清楚楚,一个又一个练习我都记得,因为这些练习对我来说就像是撕裂我的伤口,这伤口是永远好不了了。也是对我唯一的长久的羞辱。

那个半衰老的老头子,我想他叫亨利克森吧,总是把下巴歪到错误的方向,我是说当理疗师要他把下巴往左边动的时候他总是往右边动，要他转动白齿的时候他又张大嘴，而问他谁生下我们的时候他就回答"上帝"，他真像我失去的丈夫，虽然这么说有点残忍。我总是忍不住要时时地去和他套近乎，去问他一些问题，或者找其他理由，而每一次我都会碰一鼻子灰：我就不该相信人们可以互相套近乎！这老头总是答非所问，跟着就咧嘴露出一点幸灾乐祸的嘲笑。

"我们不该在这个病区有一台新电视吗？"

"有你那样的粗腿就不行。"

他用某种方法成功地搞清楚了我的秘密。他朝我弯过腰来，把嘴唇做出除了我没别人可以读懂的样子：

"艾琳，你只是臭大粪。"

我倒记得我们的咀嚼和记忆训练。他们一次又一次地摸那个没人注意的伤口。除了亨利克森，没人记得住，只有他和自己的脑子还有零星的联系。其他人既不记得也不再注意什么东西。这是**天意**也不会感到满意的。

"萝塔，早饭你一定还记得吧？你吃了什么？现在你得再好好地嚼，这样你才能看到……对了，后来怎么样？好，你记忆得真不错。这些吃的是从谁那里来的？对，你说得对，但是厨房后面呢？不对，不是锅炉房！我们这么说吧：在厨房之上，甚至在医院领导机构之上，还有一个好权力在照顾我们大家。不，你别哭——这不是一个智力测验的问题。只要你好好想想，你多半就会记得。往左边再用力嚼嚼，不对，我们说的是左边！围绕着我们走动的那个好心人叫什么呢？就是那个能照料我们的悲伤和痛苦的好心人，那个给我们洗屁股和换点滴的好心人？不对，我想到的不是艾玛和毕丽吉特。这件事情我们已经说过好多次了。对了，是弗里德里克。萝塔，你就听听弗里德里克说什么，然后你跟着说。别忘记嚼啊！对啦！现在你开始记忆得很不错了。再说一遍，为了保险起见。而且你得嚼——你必须好好嚼进去！好，真能干。"

"那么你呢，加布里埃拉：那个到这里来的总是很可靠不误事的大夫，每次都让你再多住院几天，你能说说她的样子吗？不太对吧，她的头发大概更接近黑色，而不是棕色。这下你说对了，她个子很高。不对，不对，一点都不胖。你当然应该明白，像她这么负责的人，是不会去把自己吃胖的。你得好好想想！而且得嚼。不过几个小时之前你还见到过她。只要你把自己稍微拉长一点，你**会**记得住这么长时间里的事！是的，你真的必须加把劲努把力，才能有更大一点的视野，无论如何，你可以抓得住一个想法。要不然，你下星期怎么能投票呢？我们再来一遍吧。她的头发是黑色的。现在大家都跟着我说。就是这样。她还是又苗条又活泼健美的。不对，是活泼健美。好。"

"现在我们要说一点社会分析历史。我们的首相姓什么来着？可你不是刚才还会说吗。是，那么名字是什么？理所当然他该有一个名字！连艾琳都有名字的，尽管她总是尽量把自己弄得很小。你呢，海伦？真聪明。现在你们大家都觉得你们会说了吧？在这个地方再多嚼一会儿！你觉得他长得像那个大夫吗？就好像他们是兄弟姐妹？这是一个很不错的想法，那种我们得用心考虑的想法。"

他们又哄又骗反复说个没完，在你真的嚼不下去不得不把什么东西留下的时候还给你加点额外的咀嚼压力，把不同的事情和人物都扯在一起，直到让你头昏脑胀。但是有这么多事情的关联慢慢地搞清楚了，那你就还能应付过来。还有这么多历史可说，那我们就会明白，我们其实很脆弱容易受到伤害。我们就会有一点模糊的看法，看到只是几年前才发生的那件巨大不幸，看到**天意**怎么样参与进来，还建立起我们所有人今天居住的这个家园，看到我们怎么会一步又一步地获得帮助，进入这个连死神都拿我们无可奈何的安全地带——还会看到下个星期举行大选的时候，全部这个伟大事业现在怎么会突然地受到威胁。我们必须足够强大，才能承担我们的责任。

我们不是有很多应该感谢的事情吗？治疗显然有明显效果。只不过一个星期，我们就显得年轻多了。我们自己没有注意到吗？我们中间好多人获得了新鲜的、美好得多的记忆图像。你躺在那里尝试它们，好像是一对新装的假牙，实际上比过去装得还更结实更好。一点新的青春。

对于这些房间里的垃圾，对于这个家里甚至整个街区里的那种臭气，没人说三道四。我曾经试过，要提提这方面的事，可是立刻感到什么人质问的目光，那目光让我的肚子里一阵剧痛。看来他们不明白我在说什么，只会互相很快扫一眼——于是房间里就形成了一个诊断。我都不敢再提这个话题了。

可我不想投票。是啊，我注意到你不喜欢我这么做。可是我就不管这些了。

从另一方面来看，我大概就是那个最理想的病人了。人家对我说什么我就做什么，吃的东西淡而无味，或者忘记了给我换衣服，我都从来不抱怨。我从来不说反对他们的话。这不光是因为他们个个都太好了，就这条理由就够了——还因为不管怎么说在这里才有我自己的家，有我真正的家庭。不，我什么都遵守，就怕失去一点我现在生活在里面的这种照顾，就好像这是一条全新的蓬松的毛毯，一条大到我想象不到边际的毛毯。要是我抱怨的话，他们也许就会收回这种照顾了，也许不是少了吃的东西，而是这里少一点关心，那里少说一句安慰的话。我就有可能成为那个烦人的艾琳的危险，她的那扇门，医生们都愿意赶紧走过去而不要去考虑，只会让人感到不舒服。

不过我还是不想投票，不管你说什么。我也许还有自己的这样那样的想法。可能我比这里的其他老太婆还能看得远一点。是的，你可以把亨利克森和贝迪尔也都算作老太婆。我还是看一点报纸的——不是还有报纸可以看吗，至少是那些晚报，对不对？——对了，我真的还知道一两个其他的党。电视上也直说过一两次了。不过这其实都是一码事。反正我不投票。因为就是我拿到所有党的选票，完了之后，这里的工作人员还会注意到我的废纸篓里少了哪个党的票。我可没法把所有的选票都吞到肚子里去。那我宁可做那种基本上从来不投票的人，即使这样做意味着他们就会有好多天忘记给我饭后的甜点。

可是，不考虑我会罢投的话，我大概还是一个最好说话的病人。我什么要求都不提，而是得到什么我都感谢。我总是想让人人都高兴。要是有人对我说的什么做的什么做出脸色表示不满，那我一定赶紧说是自己不对给人赔礼道歉。此外我也总是担惊受怕的，而**天意**正好适合我的恐惧，就像穿旧了的手套。它也正好适合我得到的生活。我是那个最理想的病人。

要是我拿这种咀嚼和记忆训练开开玩笑，你可别误解了我。事实上，我对这一切做法背后的好心好意还是非常理解的。我很熟悉这种自己写个人历史的方法，对这样做没有什么意见。如果你有什么好事告诉别人，那你必须注意，不要让人误解。有很多人碰上这样那样的事情，以为这是关系重大的，而实际上呢，它们只会让你迷失方向。**天意**也遇到过很多困难，然后才为我们成功地带来如今的这种良好生存环境。我把这种环境看作我自己的生活。

一个像我这样被人背叛的人，遭受那么多痛苦，而同时呢，尽管有所有这些命运不济，还是成功地干成了这样一件大事——是的，这不是我说的话，这是我的朋友说的话，我可以给你看他们写的信———个这样的人，难道还需要落到这么大堆的误解里吗？还要纠缠在明显是造谣中伤的琐碎小事里吗？还要把她的生活图像也完全歪曲吗？难道像我这样受折磨的人，还没有权力摆事实讲道理，把这些抹黑的扰乱视听的东西都扫到一边去，让真相可以显现出来？只有你把那些临时的苍蝇污迹都涂掉，把所有扰乱视线的水滴都去掉，才能让人看见那幅真实的图画。

我相信，**天意**和我是能互相理解的。

可我不想投票。

顺便要说到，大选没有我也会照样进行。要是反对党一夜过后醒来，发现自己意外夺取了政权，他们自然还是会推行前合法政权的政策——但是在那种焦急的负疚感之下，还会变本加厉。

谁愿意转身去反对**天意**本身？

不会的，谁愿意去咬那只给我们喂食的手呢？谁愿意推开这个安全的怀抱？这个怀抱收留我们所有人，不但许诺我们得到治疗，还许诺我们无限的生命。我们当然必须付出代价：不能再得到能让你成长为成人的那些东西。你瞧，我的一部分就必须保持那种长不大的状态。那是在我早先的年岁里我就已经习惯了的，已经习惯到了能一直保持到整个将来的程度。我是不算什么的。

但是，我的另一部分还有眼睛里的玻璃碎片，能看到这样那样本不该看到的东西。而且还不能闭嘴不说话。也许，我并不完全是个最理想的病人。

译注：

瑞典大选时参选的不同政党有分开的不同颜色的选票，选民到投票站选取要选的政党的选票封入一个信封投进投票箱即可，不用拿其他党的选票。住院病人无法去投票站投票者可以在医院获得所有政党选票，选投其中一党，而把其他党的票处理掉。此节中说话者担心医护人员能通过查看病人扔进废纸篓的票中少了那一张而知道病人投了什么党的票，从而了解其政治立场。

我知道。时间过去了，你不耐烦地等着听下一章。而我还没有说到我的伟大贡献呢。可是我们现在才来得及说到的这一段，其实并不属于我自己的生活。那里是有一所房子，是在湖边的一所白色大房子，有木工手艺精致的家具，有宽敞的阳台，有阳光充足的房间，总是在呼唤着水的轻巧花园——简单说就是一句话：这是一段难能可贵的婚姻的场所。不过这所大房子有一半空着，能同时回响荒凉和胜利的声音，就好像有人刚刚成功地把一个鬼魂驱逐出去。里面的灯火也只有一半，能说到的也就是一半。没有什么想法可以让你想到头。还缠在地方法院的刀下的共同生活，就这样被分成了很精确的两半。

我已经不在这座房子里了。我又一次被送到外地去，就像在童年不受欢迎一样，在这个婚姻里我也是不受欢迎的，是被人蔑视的。

"蔑视"这个词非常具体，让人备受折磨。有两个来搬东西的小伙子，嘴唇里面还塞着一口烟，脸上半带着窃笑，把我的生活的碎片搬出去，搬到等在院子里的大车上。但是，其实人不能就这样把一件家具从它原来的环境里扯离开来，还相信它能自己独立存在，从它的时代、它的光明和它的对话中解放出来。我无论如何是找不到这样的自己了。我还躺在他们搬出来的那张床上，就像那一次：带着一张刚刚才知道真情的面孔，也是在因为不明白而明白了的哭泣之中。没有什么可以改变了——即使那飞卷起来的床单也不会再掉下来了。孩子们也照样躺在他们拆开的那些绿色的活动床上，抽出的部分分别是设定在四岁和一岁大小；两个孩子都像我一样抗拒着，基本上不让任何东西从原来的框架里扯离开来。一个男孩病得都晕过去了，我只好厚着脸皮给她的住宅打电话，我说迈克尔必须立刻回家。这些话至今还悬浮在这些床的周围。

可是其他家具都从现实生活里解放了出来，好像人们为了熏那种躲在家具里的虱子还把家具也熏过了。那两个小伙子什么都不懂，把那张两边都有一个小抽屉的棕色四方橡木桌子费劲地拖出来，他们还真以为抬的是一张普通的桌子呢。有一个小伙子好奇地摸着其中一个抽屉上镶嵌的金属装饰。要是他把这个抽屉拉出来，会不会从这个抽屉里发出一声尖叫呢？可他停了下来，反而去抽出另一个抽屉，因为拉出太多，以至于抽屉都掉了下来，一大堆枯萎的、小心地保存起来的词就散落在沙石地上：犹豫不决的抱歉的话，半心半意的悔恨，没有价值的承诺。成组的词汇都被风刮跑了，这个桌子就让人莫名其妙无法理解了。

现在这两个小伙子以为搬出来的是一件白色的农家用的罗可可式餐桌。不过，其实只是几片毫无意义的木头，唯一的内容就是剥落下来的碎片。是不是那些冗长的、低的、突然会感动的谈话给了这堆东西什么意义？还不用说围绕着沙发的那些笑声了，他弟弟曾经坐在这个沙发上，等我说到那美味的炖肉其实是加了蘑菇的时候，他几乎立刻就跑出去呕吐了。这个沙发现在什么话都不说，会等到有一天在什么遥远的城市里，为了省下请两个搬运工的钱而把它锯开从阳台上扔下去的时候，也不会给人什么疼痛了。坚决不要再请搬运工！

在那个很快就装好可以搬出来的箱子上标着"易碎小心：瓷器"的字样。可是，那些报纸包起来的盘子已经不会是真的盘子了。它们就会成为碎片，就像我的生活。我和孩子们现在已经被赶出了资产阶级。我们要这些精美的瓷器有什么用呢？这时候我也看到，正要固定好盖子的搬运工把其中一个盘子翻过来看制造厂的商标，一边还沉思地说着"是啊是啊"。其实我们也不属于他的那个阶级。我们既不是资产阶级也不是工人阶级。我们是在外边的。

现在他们往外搬那台黑色的让人压抑的钢琴了，好像那曾经是钢琴，尽管已经没人俯身在上面翻动琴谱，而钢琴家在压下的琴键上迟疑了一会儿，还带着一丝笑意向上看了一眼，意思是说：这天之后的时间里他们就不再弹琴了。从这个黑色的箱子里出来的任何声音怎么可能还会是音乐呢？如果不是那种从一个夜总会自动钢琴里弹出来的没有味道的纯机械的《致爱丽丝》的话。对了，我们，孩子们和我，一定得把音乐拿回来。他们得学会演奏。不要一堂钢琴课，不要哪怕一次这种昂贵的花费，那是我们根本出不起钱的，连一点损失我们都不能有。他们要学会演奏那种失去的音乐。就好像这是一个战斗前演习的问题。我们是要打回来的。

只有地毯，这张红色的大地毯，还有着它的意义。我本来是可以不要它的——它只会显示太多的不加遮掩的蔑视。它浸透了为养家糊口的钱而发生的争吵唾沫，而钱总是不够。而且他越来越不信任人地按天给，一天给一点！当我肯定脸都涨得通红坚持要钱的时候，他就把一两张票子扔在了地板上。难道他真的相信，我会把钱捡起来吗？它们就留在了地毯上，而且会永远留在那里。搬运工假装没有看见它们。我总是很饿，没吃的。可那些钱我绝对不会去捡起来。

那张床当然也有点内容留下了。我现在坐在床沿上，有一个搬运工在床垫上越来越深的凹陷中大概读出了什么东西，他用手掌试了试已经变软的弹簧，然后朝我瞅了一眼，这时候我也就明白了这种内容。可是，当他看到眼泪流过我的脸上的时候，他板着脸不动声色，又进房子里去干他的活去了。

都是因为肥胖的原因我才失败的，不管他说什么，是我脾气不好还是什么别的借口。是这种该死的胃口吃掉了我们的婚姻。我自然让他看了呕心，尽管他很小心不那么说——但是其实还不到我自己讨厌自己的程度。而我的绝望写出了一张新的万无一失的药方：一个松软得到嘴就化的奶油面包，还带杏仁的夹心。

这张床是一个标志：我再也不会让自己受一个男人的蔑视了。我再也不会脱了衣服等待那种目光的判决。我要一个人生活。再也不会有那样的侮辱，再也不会让我自己被人抛弃。

可是，这幅斯科纳风景画有什么用？我可真的没有提出要这幅画呀！这就好像搬运工要把我的生存全部粉碎，然后把最需要埋葬的碎片都放在院子里展览。此刻这是轻如棉絮的白云之下一道费尽力气才控制得了的风景，一个四面围盖着房子的庄院，被吓坏了道路边有着砍成半截只剩树根的柳树——正急忙要搬到院子里去！画上的夏天并不能压得住画里那种令人头晕的冬天的恐惧：当大车在包着铁皮的车轮上隆隆驶进那个石头建造起来的院子的时候发出隆隆的声音，还有狼正好在大门关闭上闩之前就悄悄溜了进来却没人看见。

就好像没有恐怖的场景我就无法存在。或者说，那种持续不断的提醒，让你知道多说一个字就会付出的代价。

这座房子一半是空的。所有是我的东西都已经搬出去了，像空气通风一样流出去了，用刷子和肥皂水刷掉了。就好好通风吧，可以让房间冷下来，这样就能欢迎那个很快就要搬进来的新的女人，她有一个冰雪一样的心，笑起来声音就像脚突然踩过一夜之间结起来的冰块清脆！

我要把她的职业夺走。我要战胜他们两个人，就用他们的语言。我什么都没有。我没有钱，没有学历，没有关系，只有巨大的绝望，但我会回来的，要和他们看上去一样，以至于他们都认不出我来。

事实上我就是一段历史。当我独自一人带孩子们的时候，我想**天意**也来不及走得很远。那个时候也没有什么社会保障网络。我不得不靠自己的双手重建我们的新生活。说白了，我自己就成了**天意**。我肯定是个开路先锋，那种在人还记得人的时代会有人为之写本书的人物。

我感觉到，我背后有一件大事，它和那个突然把我扔下独自一人带孩子的章节当然是有部分关系的，我要和上帝才知道的什么东西角斗，它多次把我摔倒在地，但我最后还是战胜了它。

问题的症结在于，在我的抗争中间，没有一件单独的事情是非常清楚的，我要角斗的那种无名的力量没有哪怕是一个清楚的特点，也没有一个事件。一切都被擦掉了。也正是这个原因吧，我才不得不接受这个让我难为情的谈话。为了我自己，我也得搞清楚我做了什么事情，得知道我还活着还存在的理由。我好像刚对你说过了，我站出来接受谈话，就是想设法搞清楚围绕着我发臭的所有这些蔑视到底是为了什么。当然我的枪要瞄准这种蔑视，但真相也不完全如此。我还得搞清楚对这种蔑视我自己有没有什么作用，搞清楚我有什么办法来对付这种蔑视。这两件事情当然是联系在一起的，虽然联系的方式并不那么清楚。好像我与之角斗的就是**蔑视**。

对于我的生活里那些把我独自一人扔下的章节，不论是我还是**天意**其实都还没有做好准备。我们具备力量的日子要以后才来。我当然是要先出局，被迫先出局。我至少知道，我必须先自立才能更生。

我不知道**天意**是什么时候有过辉煌的日子。难道不会是大约一代人之前吗？肯定是在我们开始把自己纠缠进了社会保障网络之前，这网络发展得越来越大，直到它把一次危险的跳跃的想法都阻挡住。也是**天意**都……之前。对于这座房子外面的社会，我真的什么都记不得了。但是，就在这里的保健疗养部门，我们也得不到什么保健疗养。

我已经忘记了医生巡查病房的事，可她今天肯定是来过的，也就是说，那个大夫。你远远地就能听见这批人的声音：劈啪、劈啪、劈啪——这是瑞典医院的声音，有很多合脚的塑胶拖鞋在地板上拍打出来的声音，拍打着踏过医院的走廊。就在这种拍打声里，有低根的鞋子碎步小跑的声音；那个女大夫的脚步声。于是这些人突然都进了房间里面，带着某种神圣显灵中让人意外又觉得不配这种光荣的样子。人们都悄声细语，千恩万谢地回答，同时又有点害怕，不知道他们会搞出什么名堂。

自从实行一个病人一个大夫的规定之后，巡查病房现在比过去已经快多了。其实我还真怀念过去那种不同的管事人之间那种客套鞠躬啦，争辩讨论啦。荣纳大夫的这种简短的说明看来有点小气——或者是叫日皮，不管怎么说吧，今天是一个名字用字母 R 开头的大夫。特别是她说话的时候总是被三个顶头上司打断，他们令人讨厌地敲打着他们的手表，要求节约使用省政府拨给的宝贵的每分钟时间。这次他们给了汝特大夫一点额外的斥责，因为她先发制人就提出了诊断；对她可能找出来的病症，他们**真的**保留他们才可以做出可辩护的结论的那种权力。

这些顶头上司围着蜷缩起来的医生，就像嫉妒她的海鸟一样鼓翼而飞。当他们三个人在雄辩地飞起来之后又往下掉的时候，他们张开的白大褂就会在接缝的地方嘶啦作响。不过，他们太忙于节省开支的天职了，为的是要能保留住他们每况愈下的富丽堂皇。下一个瞬间他们就跌到垃圾里去了，费了九牛二虎的力气才又站起来，然后他们心不在焉地互相刷干净，只不过重新又滑倒在地上的一块块稀粥、香蕉皮以及吸足了水软塌塌的空纸箱上。我自己害羞得浑身出汗，因为我周围是那么可怕地一团糟，可他们好像什么都没注意到，只不过努力地再重新爬起来。

你在这方面算是内行吧——你说这些顶头上司是不是来这里就地考察，要衡量一个病人一个医生这种规定的工作效率？想想吧，我可是经历早先那种时候的，你就数数多少病人垂头丧气缩在候诊室里等待，或者有多少外科医生把刀子捅进病人身上就不管了，要是克努森拖着露在外面的肠子就又被送回家了，他们也不在乎，想到这些你就甭再抱怨了。这样的不完全统计你已经再也没法应付了，特别是现在，我们这些上年纪的人的康复问题成了社会的巨大经济负担。所以我明白，他们必须衡量，必须计算，必须把钱的用处系统化。可这对我们躺在这里的人可就不好受了。我们勉勉强强可以和在那些顶头上司之外还能看得见的医生大声地交换一分钟的话，然后就得经受一两小时的计算测量，看看那些安慰人的话能让我们得到了多少生机。那些用来测量下巴到颈背距离的巨大角尺实际上弄得我很痛，腹股沟活力的湿度测试更是让人难堪，非常讨厌。还有这些没完没了的咀嚼压力测量，随后还有整整八页的表格要填，那些穿特别的白大褂的人会来帮助你填，直到让你对所有像是问题的一切项目都只会说点头说是。然后，过了半小时，还有下一批人来评估第一批人的检查结果。当然啦，这些我都明白。哪怕一块钱都不能损失。我恼火的只是那些人跑来跑去，把同样的问题问了一遍又一遍。相对来说，节约开支的项目本身我倒是完全可以理解的。对于钱总不够用的焦虑，这也是我自己的焦虑。管理层对于像赛马一样快速的开支增长恐惧不已，这种恐惧我也能在我潮湿的手掌和来回活动的嘴唇上感觉到。有多少和夜晚我也是彻夜不眠，辗转反侧，为了维持家计而一筹莫展？一次又一次，我看到灾难在逼近我。让我最害怕而不敢合上眼睛安睡的，是我怕维持不了家计，那么他们就会把孩子们从我身边夺走。我必须把他们和我紧紧捆绑在一起，这样就没有人能把他们从这个窝拿走。

不，我对你们当然不会一点不了解。总有人责备我浪费钱，而实际上我是尽了一切可能省钱。我知道，在**天意**里是没有人睡得安稳的。我真的能分享你们的焦虑。**天意**肯定是在做一件大事，不会等到那种焦虑发展到出格而不可收拾的地步。

我也膨胀到了超出我的轮廓之外了吗？你是能从局外来看我的人——你说，我身上也有什么东西是多得过分了吗，导致了人们再也看不到我自己做的努力？那么，一个有头脑的敏锐的读者，一个能认真对待你的报告的读者，不应该了解我这种生活碎片中的关联吗？不能辨别出我自己如此难以把握的那件大事吗？

答应我，在你晚上回家之前，就把你为这次谈话做的记录放在你的办公桌上。如果你明天找不到这个地方，我也希望我的生活还是在这里的某些纸页上留了下来，不会成为有一天你在手提箱里发现的什么不可理解毫不相干的涂鸦，还琢磨着是否要扔进垃圾袋里去。我希望，有几行关于我的文字还能留下来，尽管你对我说的话多半还都是误解。直截了当地说，我对这些工作人员的保证根本不相信，他们保证我是死不了的。尽管有很多安慰人的消息，但是我有一种感觉，我们这个病区绝对没有任何一个老人是会变年轻的，相反我们都在枯萎衰老，会消失在这些垃圾里。我希望我至少还能留在几张发黄的纸上，留在一个文件匣的安全的夹层里，带着一种压缩着的希望，希望在你们叫做未来的时候有一个具有同情心的读者来打开它。

能证明我做了什么事情的最明显的证据是这张我和男孩们的老照片。它至少能说明我的一部分努力。离婚把我们抛出了现实,把我又一次流放到了乡下。我想我的丈夫是很愿意留下孩子的,让我一个人从他眼皮下的图景中消失——就好像他害怕我会用一种古老的复仇方式杀死孩子们,然后在一声黑色的悲鸣中冲天而飞,消失在云端里。不,我的复仇很明显是更加现代的。我想的是要正儿八经地回来。所有那个时候对一个离婚妇女的蔑视轻辱,我都要狠狠回击。

最初的任务自然是给孩子们一个新的家,要和过去一样完整缝合严密,不,还要比过去更加强大牢固———个**不会**再碎裂的家,一个能保护你一生的家。而我就好像站在这一切的中心。这个新建的家一定要坚固,不仅仅只能应付所有意外的狂风。最重要的是它必须成为一个家而没人注意到这里缺少一个父亲。我相信，不管怎么样，即使其他一切都不对头，但在这方面我是成功的。这里的照片就是一个明证。经过那么多年，照片已经有些卷曲不平，有了些污迹，不过我相信你还是能看到从照片上闪现出来的安宁和幸福。你能看到，两个男孩子都穿着整齐的水手服，头发梳得整齐而发亮。我自己也穿戴着一些随意而暗色的衣饰，戴着头巾、项链和胸针。我们都在笑着，神态安详而坦然，毫不受挑衅的样子。小男孩的头紧靠着我的头，好像就是从我的太阳穴长出来的；一看就明白，我们俩是一体的。他的一只手也抓着我的胳膊，就好像是一个封条。那个大一点的男孩看上去好像是独自坐着，但是在照片的下方可以看到他在寻找着摸我的手。小男孩的神情中可以捕捉到我前夫的样子，不过，真正想做这所房子里的男子汉的还是那个大孩子。他的面容在无助无奈的男孩和承担责任的男人之间变换，好像有水纹波动的丝绸。他努力要做他自己的父亲，实际上他有时看上去能成功地达到自己的意愿。但是，如果一个人同时想成为两个完全不同的人物——那么你还能真的相信他吗？无论如何，我真的不喜欢他。他太像我了。虽然我这么说的时候，他向后退缩表示抗议。

在照片上的这一小群人后面没有什么背景，只有一片模糊的昏暗色彩。没有哪怕一件东西你能分辨清楚。这三个人好像是无中生有变出来，他们**没有**背景，但是，他们三个人在一起，在他们的身体里，在他们的"我们三个人存在"的那种表达里，成功地创造出一点可靠的现实。这也是我成功的地方。

那个大一点的男孩看上去好像是在听什么声音，好像是用敏感的皮肤在听，而不是用耳朵在听。这是相片里最让人不安的地方。就好像我为我们创造的那点安全感对他还是不够的，就好像他已经离开了这种安全感，他也准备着来欺骗我了。

那我就更加相信这个小男孩的笑容了。他的眼睛当然还有点犹豫不定，好像他还不明确地知道自己到底是谁，而且看来在很多很多年中一直都不会知道。但是他尝试的微笑是和我属于一体的，是朝着我来倾听的，还期待着继续从我这里得到安全感，日复一日不变的安全感，像是一个刚刚熨平还散发麻布香气的安全感。

在照片上的三个人之间有一种坚固的亲近关系——但同时又有一定距离。没有必要的话是不会互相触摸的，既不用话来触摸，也不用手指。我知道。男孩子们就是那样的，该怎么说呢，就是——不知足？他们很愿意得到赞赏和爱抚。但是，我担心的是把他们宠坏了。也许他们就会变得傲慢不逊，也许会变得过分脆弱，我的意思是说：不是真正的男子汉。我对自己说，我得控制住我的话，我的手，为了他们着想。

那么我自己的相貌呢？说真话，还是蛮漂亮的，没有任何装模作样，对我受到的排斥，有一种很平淡的、微笑着的抗议。这种清爽的神色，几乎还没有开始出现双下巴，是对那个不懂重视这些价值的男人的唯一的控诉。整个面容就是一种平静而确定不移的报复。

但是，在目光里还是有什么东西，并不符合嘴唇边的微笑，有点忧郁，或许还有那么一丝恐惧。除了那个把头钻进摄影机黑布下面的摄影师，那双眼睛还看到了什么？当然是蔑视吧。蔑视就是这种日常天气的一部分。但是，令人胆寒的是，在目光里还有一道低头认罪的色彩，一丝自我蔑视的神色，等于承认别人的蔑视是对的。

所有这些其实不过是些淡淡的色调而已。围绕这一小群人的真正完整的光辉——不，首先不是安全感，而是自豪感。在我的脖颈上和包头巾上既没有珍珠也没有名贵的钻石，只有一些廉价的装饰品。我从来不在乎我自己买什么东西。我的首饰就是我身边的男孩子，我会推到前面来的男孩子，我不仅给了他们一种新的牢靠的现实，也已经带着他们在朝着生存环境中体面地位的道路上前进了一大段。他们身上闪耀的就是我的能量。这就是我的作品。他们是我的作品的全部。这是不用多说你可以实实在在一览无余的。

这当然也有代价，在眼睛下的轻微暗影是一种几乎觉察不到的证明。为了创造所有这些成就，我不知道付出了多少不眠之夜。在这幅幸福家庭的图景的每一小片光彩后面都有无尽的艰辛，是千辛万苦一步一步地走过来的。我为这两个男孩付出了一切。为了他们，我没有去找一个新的丈夫，而这本身最后也成了一种幸运。人们在照片上看不到的是我到底有没有得到什么回报。这点我难以相信。一切都是我的付出，一切光芒都是从我这里散射出去。没有任何报酬进入我自己的账户。

听，从这张照片里升起一种喃喃自语的声音，一种持续不断的脚步声，而我过去居然从来没有听到过。你在背景里看不到一件家具、一块碎布、一幅图画，只能感觉到那种不停的窃窃私语，还有重复出现的脚步声，会穿过照片而来。这个小小的家庭里，显然是充满了互相叫喊的寄宿者，总是有人去厨房去洗澡间或者厕所，总有人横穿过我们的谈话和睡眠。原因自然很简单，因为我不顾一切要应付家庭的开支，尽管我运气总是不好：钱总是不够用！

这下我突然明白了，这些扯碎了信的碎片那些谜语一样的字是说明什么，说什么要是我不能控制我的理性，他就会去加入外国人的军团。那肯定是涉及到我给他写信，要求他赶快付欠了好几个月的抚养费，既是央求他，又是威胁他。而这个长不大的小男人回信里写的是一种威胁，说要躲藏到国外，躲到没有律师能找到他的地方去。与其说这是一种乞求，更公平地说也是一种侮辱人的耍无赖。我是在骨子里都能感觉得到这种无赖，这封信正是在我要准备那次繁重的行政管理法考试的前一天晚上寄到我手里的。

这我也必须对付过去，没有任何人的帮助。

我在这封信的背面还计算过，这次我还能让我睡多少时间。在我的很多不眠之夜，我就是这样躺在那里计算过的。课程、考试、和孩子们一起做的家庭作业，为了挣面包要写东西，回家要带吃的，缝补衣服，打扫房间，等等等等——每个晚上都不能睡满四小时。在这一切事情中间要让自己四小时无意识，那都已经太多了。

但那个时候我还能睡着。现在我再也睡不着了。

我没有留下更多他给我的信。而我非常清楚这是为什么。我后来把这些信都烧掉了，或者撕毁了，为的是不让它们落到男孩子们的手里。我不愿意让他们得到一个扭曲的父亲的形象。

这些信件肯定伴随过我度过所有那些年月。我读了又读，用这些信件来折磨我自己，直到它们都几乎要磨损掉了。只有这张残破可怜的信的碎片我还保留着。我肯定反反复复地给孩子们说过他写了什么。当然不是直接给他们读这封信——孩子们又不知道其中的前后关联，他们不会懂得他说的到底是什么意思——我只是用某种方式把信的内容重新讲给他们听，这样他们就可以在他们以为发生过的事情关联中来了解到底发生了什么事情。只有我自己明白字里行间隐含的意思，只有我能诠释那些明显属于中立立场的信息。而且，直截了当地说我也必须让孩子们看明白他到底是个什么样的人，这是为了他们好。他们必须搞清楚，他们并不因为父母离婚而失去了什么，恰恰相反。是在我这里，他们获得了他们唯一有可能的家，我不仅当他们的母亲，也当得起他们的父亲。他们必须看明白，是父亲背弃了他们。

我不愿意孩子们看到这些信，也不愿意他们看到我们被迫离开的时候扔进了搬家汽车里的最后的东西，我永远不会把这个东西给他们看。不过，**你**是当然应该知道的。那是一两个完全让人出乎意料的字：沉重，但是特别地真实，它们在汽车地板上四处滚动，就像我母亲给我们的结婚纪念品，那些半旧半新的蜡烛台：——总有一天孩子们会明白的。这是一些非常平常的字，但每次我从那个该死的搬家汽车里搬东西出来的时候，这些字都会让我感到冷彻骨髓。

总有一天孩子们会明白的。我无法说，这一天是否已经到来了，或者这一天还在这个康复收容所里的其他人说的什么将来，在那里等着欺骗人呢。就好像他们根本就不懂，我们的时间我们的日子全都在这里，就是此地此时，就像是在那个鞋盒子里的那堆照片里。是的，我是费了大力气对你讲，一件又一件事情按顺序来，因为你需要一个故事。可我知道，我明白，这本来也没有什么"之前"，没有什么"之后"。在我身上，膝盖和头还有脚上的伤口是一起疼痛的，没什么先后。那些人们顽固不化地叫做将来的，只不过是从一开始就在这张照片里存在的威胁。

译注：

此节提到的"古老的复仇方式"，指古希腊传说中美狄亚因为报复丈夫的不忠而杀死两个孩子的故事。

要紧的事情是你得有生命保险。这我太清楚了。曾经一度在这个世界上，我在**天意**那里本来还是有很高级的位置的，很可能是伤害处理机构的一个什么部门主管，虽然在我今天这种伤痕累累残缺不全的情况下，没人还能看到我当过什么部门主管的痕迹。谁还能在这只在毯子上乱摸的手上看到这点呢，这只手和其他东西都没有了关系，只有一点点重量还留在中指上，才能把这个柱子留在下面？谁能从这么一只手推断得出，它曾经属于一个你不能小看的掌大权做决策的人？但那个地方我可达到过。是我百折不挠的意志把我带到了那里。事实上也是我的大作很有光彩的那个部分。是的，你一定注意到了，我还是见过一点世面的。就是你我使用**天意**这种说法，理所当然的那种样子，已经能说明我们还是属于同一个层次的。这里的其他那些老年人根本还进入不了我们的这个职业范围，可能连**天意**这个词都从来没听说过。

但是，要紧的是得有保险。一个人随时随地都可能碰到倒霉的事情，随便什么都可能发生。我总是很害怕的。我想我从小就什么都害怕。上班我害怕我的那些同事，也害怕那些顾客，或者现在人们称为客户的那些人。我害怕这里的工作人员，我害怕我丈夫，害怕那个刚刚在我们这一带住下来的那个女人，她总是朝他飞媚眼。但是我最最害怕的其实还是我的男孩子们。

在不安全之中我的安全就是我的公寓。就在我躺在这里无声无息对我承认我可能再也回不了家的时候，我的公寓还是我的安全庇护所，是狼和死神都到不了的我自己的温柔的巢穴。它会在那里等候着我。医疗保健部门可以给我上夹板打石膏但也从来不会给我这么多安全。我的公寓会等我。我的手指能记住门上的每个细节，记住墙纸的每个花纹图案。而就在记忆的黑暗之中我还能摸索着走过整个房间。我自己的一部分总留在那里。地板上总有我的脚步在咯吱咯吱地来回地走动，总有我的桌椅的腿在来回滑动。那里总有我的呼吸。事实上，我还听得见有一天我的东西又搬进来而那些姑娘们把东西放错了的时候，我自己激动起来的叫喊：不对，不对，不放在那里。报刊架应该放在那边。我不是说了吗,不对。是那边,那边,那边!我曾经在几个老女友的帮助下从这里溜出去,她们就和我自己一样是不在乎别人说什么的,而是对你忠心耿耿,亲如手足。不过现在她们神经兮兮看着四处已经都不知道方向了。她们早已让我不耐烦了。不对,是那边,那边!最后所有东西总算摆好了,而我躺到了床上,四肢很帮忙地装配到位了,独自抱着我的电话机,我的又美妙又肮脏的电话机,还有特别长但总是扭结得让你毫无办法解开的电话线,于是我的加大了的声音可以传到随便我想传到的任何地方,可以毫不困难地插进人们中间,就好像我在人家吃饭的时候打去的电话,毫不困难就能插入到正菜和饭后甜点之间。很快了。电话就在那里,在那个等待我回去的公寓里,在等着听我的声音。我的热切的声音已经开始聚集在电话周围了。就这样,我又会回到我自己的巢穴。

除了我之外,没有人可以住在那里,没有任何人!我有一种微弱的感觉,有一度我是考虑过,孩子们已经搬出去了,我可以让亲戚里的某个人来和我分享这套房子。可我对这样的念头简直就不能忍受。格列塔的面孔,也就是我妹妹的面孔,这个面孔让我不知道受了多少个夜晚的折磨。什么她都别想得到!

这个公寓是我的安全保障。

但是在每一点安全保障的内部都会潜伏着某种多毛的眼睛闪着幽光的东西,你看不见它,而等你看到它的时候则已经太晚了。这本来是不论多高的基本保险费你都必须上的保险,而它就在这种安全感的正中心等着欺骗你。就在我男人的内心,就酝酿着欺骗,而在我儿子们的内心,则酝酿着否认。

而就在这个安全家庭的照片里面,就在这个公寓的最里面,在外面的阳台上,我看见威伦姆森把大儿子举在栏杆的外面——六层楼上的阳台而下面是石头铺的院子!这孩子在恐惧中拼命挣扎,两脚乱踢,而威伦姆森随时都可能脱手抓不住孩子,可他只是哈哈大笑,摇头晃脑说他那个独特的玩笑:——瞧我多有力气——只用一只胳膊!而男孩子则发不出一点声音。他已经吓得叫不出声音来了。他只拼命朝那只举着他的胳膊弯腰,想要去咬它——最好别咬成,那这个疯子肯定就会抓不住松开手了。我也吓坏了,到了不敢发作的程度。我什么都不敢表示。假装我没看见。

失去威伦姆森的风险我也不敢冒,不能连他都失去。同时我又不敢让他进入我,不能是那种方式。那他就可能把我推开,带着掩饰不住的厌恶。尽管男孩子们喜欢他,是的,在眼下他把老大举在阳台栏杆外面的时候老大当然是不喜欢他的。

可是，为什么我自己没有生气呢？我可以生气而不用显示出来。相反，我只是感到不舒服。我可能还是最害怕发生什么我自己都难以搞明白的事情。当他站在那里，把老大举在阳台栏杆外面的时候，我觉得这里面有似曾相识的东西，也是你不想用什么话来说的东西。

在这幅图景里面总有另一幅图景，那是你必须要给它上保险的。

要紧的是，为了这种安全感，你必须放弃多少东西。一切都有它的代价。你可以问我；我知道。我的工作就曾经是，我的工作**就是**风险的计算。为了这个康复收容所里的安全感，你付出了什么，你被迫放弃的自然就是当一个成人的权利。《圣经》里不是这么写着的吗——只有长得和我最小的孩子里的一个一样的那个人，才能在我的安全怀抱里得到一个位置？你要变成一个孩子，那连你的头上的一根头发都不会受伤害。

真见了鬼，我的头发不已经受伤害了吗，但是我现在不还是上学的孩子啊。为了保险起见，你就得这么做。

这里的安全感自然并不意味着他们轻视小看我们的不安。恰恰相反。他们会治疗我们的恐惧，几乎是充满了关爱的方式，在耳朵里仔细地洗掉它，像喷水梳洗头发一样梳洗它，剪掉它的指甲，磨掉它脚上的老茧，每天让它锻炼，靠着助步车的帮助每天走几步；我们的恐惧应该是在完全健康愉快中的恐惧。正是这样的恐惧能让我们保持活力生机勃勃。我们确确实实就像是受过了惊吓的孩子那样活着。而且我们懂得去珍惜这个安全的怀抱。

于是我们就成了总是胆战心惊的，但又是听话的活泼的孩子。我们会得到一个额外的拥抱，然后掉进孩子的语言中去。再来一勺子。又来一勺子。现在你可真乖啊，好乖的艾琳！你会看到，以后很长一段时间你都没问题啦。我们都还不知道怎么回事情，就不知不觉地在一个新的童年里接受治疗了。我蔑视我自己。而过去从来没有像现在过得这么好，尽管还有恐惧和所有那些问题。

但是我受不了这个。

就在这个养老院的生存状态之中——当我们正受到安慰，当我们正得到一块新的吸水毛巾，当他们正在换掉我们身上的尿布，或者是在他们要给我们喂食的时候——我就会突然翻身，就好像从梦里突然醒过来，然后就要大声抗议：——不管怎么说我还是一个部门主管啊，我自己就为**天意**工作，至少从它把我们的保险公司也吞食掉以来我就为它工作了，而且我做决定，非常重要的决定，而且是在这个医疗单位之上的一个级别做决定。这时他们就开始大笑，只有在一个人的梦里人们才会这么笑。然后拍拍我的肩膀，好像是称赞一个非同寻常地成功的笑话。是啊，这个艾琳，这个艾琳，她可真会编故事啊！甚至还会给我一个大大的拥抱。

就好像我**以为**自己刚从我生活着的梦中醒过来。

要不是我想到了我还能回去的那个公寓，要不是还有彩票和奖券等等能让我发财，那我就绝对应付不了这种该死的衰老期。当然，还有我的那些要好的朋友。最后提到的朋友，你肯定从来不相信吧？当然是这样的啦，他们只要有时间就来看望我，经常来。今天来一次，明天又来一次，这些是我总能指望的——这是和我的男孩们来看我的时候完全不一样的！我的朋友总会带来好东西，在这个单调乏味的地方，就会大放光彩。那些灰不溜秋的医院的伙食，你一看也明白，是他们**不管怎样**还在节约开支的明显证据，在本来粗心大意胡乱浪费的情况下还要省钱。可这对我不会造成什么伤害。我的朋友带来的东西源源不断是没有尽头的——这是一种独一无二的长久的认可，说明我在这个朋友圈子里有什么地位。她们明白我是什么人。她们此处跑来跑去，把我的事情都给办妥了，那种灵活劲，就好像她们是我自己的想法一样。我最喜欢海德维格，她总是给我带来李子或者樱桃做的果酱。就是她要帮助我逃出这个地方。顺便要对你说,这你可不能去随便乱说——别忘记你是有保密义务的!还有一个朋友,是不是叫做爱娃的,总是给我带了新烤的面包,而第三个朋友给我带来一点熏鱼,鳗鱼三文鱼或者不同腌法的鲱鱼,对了,有一种是加了芥末酱的。等她们一走,我这里就真的像过节开宴会一样了,我可以毫不羞耻大吃一顿她们带来的各种好东西。我再也用不着等上夜班的护士还有她那些老一套的药丸子了,我这些东西好多了。

我总是说:——你们别去考虑什么花呀书呀的东西,还有化妆品,只要你们冰箱里还有一点好东西你们就给我带来好了,那我是来者不拒的。我对我的男孩子们也是这么说的:最好是一包巧克力,不要什么花瓶。两个孩子里面有一个,我想是老大吧,还真的给我带来过一大袋虾,还有美味的蛋黄酱。我馋得几乎就忍不住了,马上要开始剥虾子吃。我迫不及待让他走,觉得他穿大衣都太慢了。在我吃东西的时候,我就觉得自己奇妙地安全。

但比有人来探视,比让人安心的好吃的东西还重要的事情当然是那个公寓。这个公寓有我这一生中所知道的唯一安全的平方米。那些墙壁也不会因为什么内心的地震而垮掉。而那些地毯能减轻在所有恐惧的脚步里的不安。在这个背景里,只有那个阳台,顽固地要把一切都当赌注押上去。外面那个像熊一样硕大的人依然还把两脚乱蹬的男孩举在阳台栏杆外,随时都会失手让孩子掉下去。显然这是威伦姆森各种异想天开的疯狂行为之一。但是阳台上的这个场景对我来说不仅于此。我的嘴里都会变得枯干。

我希望,我敢信任我自己,就像我信任**天意**一样。我最害怕的其实就是我自己。

但是，有关这张照片我们还没有真正说完呢。你在这张我和儿子们的照片里，能看到恐惧的样子。这本身并没有什么反常的地方。我刚才对你还说过，我总是担惊受怕的。但是拍这张照片的那个时候，那里面的恐惧还是有特别的原因的。这里我就会进入我的最困难的记忆之一，或者就像我们现在要说的，一个我以前从来没有向任何人展示过的伤口，也从来没人强迫我来展示。父亲的死，肯定是在我离婚之后不久，也是权力给我的一次新的打击，是雪上加霜，还正是我在承受第一次打击之后站在那里喘息不定的时候。

出事的时候我不可能在那个地方。但是那个场景好像就在我眼前，比任何图像都更加清晰。他把自己吊死在阁楼的横梁上，显然是用了一根他自己的永久不坏的绳子，头垂到了胸前,舌头伸了出来,好像他要在最后的时刻努力压出一个说明。他的身体吊在绳子上微微旋转,等待那些他向他们宣告过这烈士之举的人来。**我**,本来当然应该是**我**,是那个割断绳子把他放下来的人。只是酒气和尿臊气非常难闻,所以我都没有能力进入这幅图像。而蔑视就像一大群苍蝇围绕着他。

但他是比苍蝇先到那里去的。他垂下的脸隐约闪现着自我蔑视的光:——我自己才是臭大粪,艾琳。
这就是他要对我说的一切。你和我,艾琳。可是我也许是错的。他的死亡,肯定还是非常自顾自地,不是为别人的事情——就是一种绝望的尝试,要把自己从这个世界上刮除掉,把他这个黏糊糊的污迹整个地刮掉。他要对我说的话,在我以后的生活自然还会出现:一个鬼魂的低声耳语,一种他私运到我脑子里的反复出现的黑暗诱惑。他要在我的身上重复他的死亡。那么我的生活就变成了不停地练习,放弃了又抵抗,抵抗了又放弃,放弃的话也就放弃那么多,正好还保留一个落脚点,可以在任何情况下还说不,还可以继续抵抗下去。

我肯定是从小就很害怕酒精,那时候他那张意料不到地就已经酒气熏天的脸随时会突然出现在我面前,让我吓一大跳。而现在这种害怕已经都变成恐怖了。家里有时候会来陌生人吃饭,那个时候你总得请人喝点啤酒或葡萄酒吧,否则就让人觉得你太奇怪了。可是举杯祝酒的时候我其实只是把杯子碰一下嘴唇而已。对我来说最麻烦的事情当然是要防止我的手发抖。只要闻到一点点酒精气味,我就会看到他吊在横梁下面的尸体,还有羞耻地低垂在胸前的头。那低声的耳语也就听明白了:——我不配活在这个世界上。这耳语是从遥远的地方来的。但是声音明显是和我自己的声音一样的。

我从来不会变成酒鬼。

但我还是一直不断地感觉到这种奇怪的蔑视,好像我和一个老酒鬼同样不可救药,该打入地狱。一种围绕着我越堆越高的蔑视,差不多就像这个房间里所有垃圾,空箱子、塑料袋、橘子皮、稀粥块、又旧又有酸味的尿布、生锈的冰箱和散开的床垫:这些已经被吃掉的日子,总有成群的苍蝇在嗡嗡乱飞。我的目光在这些我生命的残余里翻找,要找的就是一个解释。如果这里有什么罪责的话,我也做好了准备来承担。但是我什么也找不到。一直是别的人在排斥我又没有什么道理,随心所欲就把我赶出了我的童年的家,把我从婚姻中驱逐出来甚至都不给一点——在我后来的生活中当然还有一点像是钥匙的东西,一种上帝的诅咒,但我还没力气去谈论它。也许过一段时间之后我可以谈。现在我只想告诉你，我觉得我是无辜的，对这种罚处背后的无论什么原因，我都不承担罪责。

现在你大概明白，在这张安全家庭的照片里，其实还有恐惧的因素。我相信，连拍照的人自己都不知道，他能在同一张照片里捕捉到两种不同的现实，一会儿是我愿意成为的人，也是我要创造出来的生活，而另一会儿成了我害怕的生活，也是要来征服我的生活。在我的一只有点眯缝的眼睛里有一种忧伤，那忧伤是属于一个永远长不大的总是让人呼来唤去的小女孩；得把她马上叫过来。她总是很害怕，但是同时又不可思议地敢往叫喊声方向的那一片黑暗中走去。在这张照片里又有一种控制性，使得这些男孩子们不会猜想到什么事情。他们也永远不会猜想到。那些捉摸不定的暗影只会让这张照片更深更温暖。被压抑住的威胁会让这张黑白纸片散射出挑战意味的安全之光。

但是我连一根绳子都看不了。它会给我一种无力而瘫痪的孤独感。我无法说清楚为什么。但是我们的内心当然不会比我们可怜的身体更加完整和连贯。这一片意识并不总是和其他的意识联接在一起的，不，可能恰好相反，是和其他意识对立冲突的。所以，你既不能要求一个逻辑的上下关联，也别想从我这里等到什么结果。你肯定也不会那么做。你一定是经历过很多事情的，是开过眼界见过世面的。如果你已经听我说了这么久,你当然就不是什么初出茅庐的新手了。

我们大家其实都孤独。可为什么就是现在会有那么巨大的失落感,一种能明显感觉到的孤独,就好像它几乎有一个面孔可以看到,一个声音可以听到,对,甚至是脚步声,你都能辨认得出来的脚步声?

我可以感觉到,当我晚上回到家里的时候,孩子们会怎么样用他们的失落感来困扰我。他们刚为了玩具而吵闹了一天,或者为了随便什么事情,等着我回家来给他们一个评判。我会情不自禁地哭起来,对他们说在我这么艰难的时候他们还这么不懂事不团结,让我真是失望,可这时候他们根本也不懂不明白。而且我可以感觉到,当我没有满足他们的时候,他们就会求助一个更高的法庭了。他们就会寻找那个更高级的权威,他们能在这个家里一直感觉到的父亲,但只是一个让人痛苦的空白。

但是,那时他们就应该明白**我的**孤单,明白我独立支撑一切是多么沉重,明白在勇气和金钱都不够的时候我会多么难以呼吸,而我还得用肩膀扛住这个家越来越沉重的天花板。

当我在没人看到我的黑暗中舔我嘴唇的时候,或者是在我从越来越短促的睡眠中突然惊醒的那一瞬间大叫出一个名字让我自己也吓一跳的时候，那时孤独其实就在床上躺在我的旁边，那么明显，以至于我感觉到它的屏住的呼吸，它的残酷地抽回去的手，还有那种否决我的欲望，要把我的身体推开而去接纳另一人的身体。天哪，我毕竟还是一个有各种需求的女人，这是我不用对你明说的。这张孤独的床其实是一个让人受刑的行刑台，但这个世界上没有任何酷刑能让我开口说出来。这种事我是不说的。

那个把我从婚姻中抛出来的男人，我把他当作我的解放者，父亲，我的崇拜者，我的裁判——当作可以修复被我的童年打成碎片的一切的人。但是他自己是个被宠坏的小男孩，从来也没有看见我。好像那也是我自己的错。

为什么自杀有这样一种美丽的光环？是不是因为我们不再需要以通常的方式来害怕死亡？是不是因为只有我们自己可以给自己带来这样不需要帮助的伤害？是不是因为只有我自己的绝望行为可以把我从那种保护人的群体中分离开来？无论如何，**天意**做的事说的话在很大程度上都是为了保护我们不受我们自己的伤害。由于某种原因，**天意**总是知道什么对我最好。

我们经常在嘴里说着"死"这个词，不过，那自然只是日常生活里多多少少令人不快的事情的一种描绘。一个沉闷的下午简直能把人闷死了。或者某一项开支的削减对于这样或那样的事情可能就是宣判了死刑。现在我们已经不用再遇到明显可怕的死亡了。这我们应该感谢天意。我现在处在一个生活里走下坡路的倒霉的章节，在过去这也会有一个更加不幸的名字。现在这起码还叫做"康复"。

要是我没有什么玻璃碎片在眼睛里就好了。它让我看到那些我本来更聪明的话就闭上眼睛不看的事情。

就连这里其他老太婆也不会完全相信所有这些让人安定下来的保险。有时候，会有一种令人不寒而栗的冷战穿过整个病区，这种事情我可以说，但是记不得任何特别的情况了，那种感觉很强烈，能让你在嘴唇上和关节里都感觉到。有时我们坐在白天休息的那个房间的电视机前面，一边还挠痒痒，有时我们拄着拐杖在走廊里溜来滑去，或者就躺在床上对着天花板张大嘴巴，一边等着人家许诺给我们的青春到来——在同一时刻我们全都能感觉到一种陌生的力量正在进入这所房子，大门随时都会打开，我们就会失去一切。那也许就是医生扔下来的几句话，而且会闷在那里慢慢烧着的话。也许就是我们中间某一个病人突然发作燃烧起来的症状，一个和我们病床脚跟那头的曲线图并不符合的信号，或者也不符合医生巡视病房时的许诺。或者那就是一种外来的被禁止的洞察力，就像意外的穿堂风一样穿过整座房子。所有人都会颤抖，也都难以找到词句，都能明白有一种突然的叫法，要比什么"你"都远为亲切，也不害羞，而且是很吓人的。突然间，我们全都像是第一次去看学校牙医的小学生，都在候诊室大呼小叫，因为想到了里面等待他们的所有鲜血淋淋的拔牙钳子和巨大的钻头就会焦急得要死。甚至那些在头发根底下还有一点点批评性和成熟性的那些人也都被卷进来了，这里面也有我。在这种死亡面前，我也只会浑身发抖哭哭啼啼，别的什么都做不了，要是在其他的情况下，我还欢迎死亡到来呢。

要等到事情都过去之后，我才会突然想到其实这都是一场演戏。当等待到了最忍无可忍的程度的时候，当我自己也确信，窗户在下一时刻就会被那个多毛的眼睛里还放光的家伙粉碎，它就会穿过窗户冲进来——那么意外的转折就会到来了。我们就会被人从我们的谬见和妄想中坚决地拉出来。我们等着到来的不会来，**不能来**——我们怎么能让自己居然相信这种事情呢？死亡只是过了时的一种迷信，我们真的应该聪明一点，不要让我们自己被这么愚蠢的事情给忽悠了。这么粗鲁无礼的安慰能让人高兴，就像是吗啡一样。

于是我们发现，我们突然都年轻了好几岁。

自然而然地，我们的社会——我们的康复收容所只是其中的一个部门，就算是最大的部门也罢——它会根据我们对安全的需求而设立的。我可以作为一个专业人士来证明这是非常成功的。但是我要告诉你，安全可是需要很高的保险费的，每次搞这种戏剧表演的时候，就需要花费出很多这种钱。我们都成了孩子，得到我们渴望得到的那种安慰。我们被人抱到了怀里，在头发上获得爱抚，同时也能知道死亡并不存在。这是我们自己早就应该知道的。只有笨蛋，愚蠢的人，才会用这种事情来吓唬其他人。我们会收回我们的安宁，但是作为交换，我们也就放弃了我们可能通过距离和独立能获得的一切。我们都没有长大，都不成熟，只不过是死不了。

天意也没把我们当回事，这是我的不同看法——但也是唯一的不同看法。因为我们确实也得到**天意**很好的照顾。每个床头都有一个铃铛；要是你被那些重大的问题打扰，你可以摇铃。那就马上会有一个护士坐到你的床边，给你带来对于所有问题的回答。至于那些是不是**我**需要的回答，这个我们可以换个时候再讨论。

这里的工作人员真是太棒了。我没法说，是这个助手还是那个护士特别周到小心是个奇迹，因为我们来不及对他们中的某个人收集足够多的经验。每过一天都总是有新的人来。比如说吧，刚才进来的这个漂亮姑娘，看上去叫做伊丽莎白的，明天她怎么能够还能找到这里来呢，有那么多地方，她偏偏能找到这里吗？

可是对我来说，这种戏剧是用不着的。这一类的战术我自己完全可以掌握：要把死亡释放进来到足够的程度，直到你被越来越接近的毁灭搞得神魂颠倒如醉如痴——到了最后的关头你再去阻止它。是得通过把死亡放进来放到我的身上，你才有能力去控制它。

我不是已经阻止了我的死亡很多次了吗，我自己的死亡！我站在特朗纳伯格大桥上，紧靠着栏杆，俯瞰着那些黑色的水面，这水在冰凉的时候会散发水汽。这个世界只是一个遥远的岸，有些小小的和你毫不相干的房子。那种吸引力是极为巨大的。在我的意识后面，远远的，我还能听见男孩子们的说话声，依然还是孩子的童声。也许我说出了几句话，告诉他们我想做什么。是的，我可以听见他们的绝望的声音。可他们对**我的**绝望又知道什么！我的病比他们能料想到的还重。就好像我的胸膛里面有一个水龙头，只会不断地流出血来，流了又流：我在内出血。负压已经太低了，以致我几乎喘不过气来。我朝桥的栏杆外弯下身子。我现在是在用我的生命做赌注。我几乎已经翻过这个栏杆，感觉到一种狂热的激动。一切都可以失去，或者是赢得，就在此时此刻。这时我突然明白了父亲的低声耳语。他从我的后面像虫子一样钻进来，把他的想法塞进我的脑子，还想把他的手变成我的手。我向后仰起，大口大口呼吸着，呼吸着。突然间我变得疲惫不堪。

现在我想做的事情就是缩到床上去,身边只放一个咖啡杯。如果我星期六买的牛奶面包还没吃完的话,再给我剩下的几片面包。要是有人来看望我就更好了。

我想,我的男孩子们也坐在那里彻夜不眠等着我呢。

译注:

特朗纳拜里耶大桥(Tranebergbron)为斯德哥尔摩市内梅兰湖上一座著名大桥,经常成为轻生者自杀之地。

你的心思到哪里去了？看起来你根本就不在听我说，尽管我才说了一半。我不得不把话从嘴里压出来。就得这样，这才好一些。你换了录音带吗？或者是你在擤鼻子？不管怎么说，现在我好像又容易说出话了。我需要有人听我说。我感觉自己就像一个小孩子，有人刚把奶嘴从我嘴里拔出来。现在奶嘴又放好了，我感觉浑身又传遍了那种平安感。

也就是说我们到了下一章了。你想让一切都按照什么顺序来，可是在我眼睛里"之后"往往是"之前"。我们这一层公寓不大，是由一个做事果断的女人控制的，就像你来的时候我正躺在这里翻看的那本旅游手册上的那个站在白房子前面的希腊寡妇，黑得已经再也改变不了了。那就是我的母亲。她是流亡逃难到这里来居住的，在房间里来来回回地走动，就像一个笼子里的美洲豹。父亲的绝望轻生行为不可能是没有先兆的，但对母亲来说完全是出乎意料让她大为震惊，几乎就是冲着她来的，好像是她抓住了他干的什么丑事不依不饶——而现在的不同在于，她再也没有什么人可以把自己的苦水都倒过去了。对，她当然还会继续指责数落别人，痛苦不堪，但是，她随后还要分享生命的那个黑影再也不需要回答了，除了一点辛辣讽刺的微笑，也不会付出更多代价了。

来自银行的付款通知，邻居的冷面孔，房东的信件，还有院子里的树上秋叶凋零的沙沙声音——这一切都归结为一个再也明显不过的判决：她丈夫的死亡已经把她永远地驱逐出了那些楼道，那条拥挤的街道，那个她称之为家的灰色潮湿的空间。她是自作自受。突然间她自己就要逃难流亡了。况且，这次死亡事件的内容还必须保持秘密。大家能知道的是——人们抬出去的那个尸体，那个扭曲的脸上还盖一条仁慈的床单的尸体——是死于血栓。他临死前那几年的越来越灰暗的脸色可以证明这些俗人的看法是正确的。要紧的是，提到那根上吊绳的时候，你得按照顺序来。

在我们的家里，于是有了一个陌生的脂肪堆积起来的女人，可以自称为我的母亲。她夜里去上厕所的时候会摇摇晃晃穿过我短暂的睡眠，头发上还挂满了卷发夹。当我想着，不管怎么样，我得朝她走近几步的时候，她总是穿着黑色短裤衩坐在那里，露着大屁股，刚刚拔出注射胰岛素的针筒。她只是从她的苦难中看着我，目光长久好像在研究什么，像是要考验一个意外冒出来的陌生人。她和谁都合不来，背后总是说我的坏话，而且对孩子们很残忍，至少对大一点的是如此。我本来还希望能让这个家保持住一个家的样子。我本来就已经够困难的了，只能期待着孩子们能团结一致，不要争吵。可她把事情搞得不可收拾：打骂一个，优待另一个。这样的话，等我回家就要调解他们的纠纷。我再也受不了了，只能伤心落泪，只能对他们说，他们总能够……我就得忍受那么多的罪。

没有其他的可能性：这个自称为我母亲的人必须行行好搬到她自己宠爱的女儿家去。像眼前这个样子是没法继续生活下去的——她会把我从我自己的家折腾出去，就像他曾经也把我从我的童年折腾出去。我不是要求爱情。她连爱情两个字该怎么写都不知道。说起来连我自己都时常不知道爱情是什么东西。可我必须过得安宁。我身边不能总是吵吵闹闹的。晚上甚至夜里我也有太多的事情要做，才能应付得过去。总有一天她必须离开。

不管这是怎么发生的，我意识到我还是把这些决定性的话说出来了，还出了一点冷汗。而我这个母亲感到自己深受伤害，马上就要收拾行李离开。她只想对我先说一件事情——

诅咒。

她的话让这些房间都变得令人痛苦不堪地清楚。从门厅的石头地板上散射出逼人的冷气，直透我的丝绸袜子。她说的话那么出人意料，以至于那个窄小厨房外面窗帘依然还飘动着的拉门都显得更加清楚了：玻璃上的光彩和磨损了的图画。在背景里，有一种已经变得永久性的临时摆设，就是那张被驱逐出去的床，还有那盏她有时彻夜点亮的灯。她的那些话是带着老派的客套口吻说出来的：**今天你这么赶我出门，总有一天你儿子也赶你出门。**

一种诅咒的可怕之处，不是那种模糊微弱的空间，因为它无论如何会通过某种命运的随意捉弄而落到你头上。可怕的是你自己还在促成这种诅咒的实现。就好像一只田鼠自己并不情愿地一步又一步溜向睡着的蛇。

要经过很多很多年之后，到了今天，我才明白了她的声音里的那种蔑视。

刚才我有没有对你说过我那次破裂的婚姻，那个时候穷的富的日子都随着边缘磨掉的金色油漆搬到了搬家的大车上，我的手里突然也拿到一张账单：——总有一天你儿子们会明白的。

我当然就明白了，我母亲的诅咒和我前夫的这张小纸条其实是同样一件事情的两种不同说法而已。我会失去我的孩子。在他们称之为将来的可怕的事情里，他们看到了我自己没看到的东西。看得那么清楚，好像就是已经发生了什么事情一样。或者说，他们已经在我的脸上看到了，好像那已经编了程序一样，也在我说的话里听到它来了。他们对我说，我会很孤独，说我总是感到孤独，而事实上也会变得如此。而且，我自己就会保证自己孤独。

为什么我会给自己带来这样的不幸？为什么从我的舌头上只会出现不幸，还有新的不幸的种子？为什么只有我的失败和我受的侮辱会不断提醒你——而且这些失败和侮辱还要求更多的失败和侮辱来做伴？

一切都说明，当我不顾一切地把我，把我们又带入现实之中的时候，我肯定有过胜利的时刻，我们进入了我们可以重新呼吸的现实，进入了别人的眼睛里也有我们存在的现实，甚至还能被承认为我们一度曾经是的人，也肯定是那样的人。一切都说明，我也经历过可以让我欢呼的幸福的时刻——可能就是孩子们在沙发上半躺在我身边的时刻，用那条棕色白色相间的毯子裹在一起，我们大声地读书……那个人叫什么来着，那个在沙漠里在阿拉伯人中间打仗的人,或者是读那个鬼故事,故事讲的是一个带着诅咒的指环,在亲戚们中间一代代流传——而我们时不时还往嘴里塞一块美味的巧克力。那就是**我们**。或者也是那种时刻,**他**能看到别的东西而不是看到自己,他能看到我,尽管他把脸埋在我的膝盖里——而我们知道我们很快会那样但还要等一等,你等一下……还有,我讲完一个好故事的时候,就好像微微喝醉了一样,赢得了可以把谈话里的难为情的结也解开的一分,我得到了很多人的笑声,人们笑着互相点头,说"那个艾琳还是长着脑子的"。这样的时刻是**肯定**存在的,比喝酒还更让人有点陶醉,更美好更轻松愉快,这是不愿意有死亡和沉默的那种时刻,只会飘飘然,没有重量似的,一直飘个不停。

但是,我记得住的就是我的伤口。好像只有痛苦能战胜失忆症。好像只有我们的伤口才是我们和抛弃我们的时光的唯一联系。不,那是我们失去了联络的时光,尽管那些时光比我们自己的呼吸还更接近我们。

我还以为自己是什么伤害处理机构的一个什么部门主管。难道这不是一个地狱的讽刺吗?

我的失败中，最糟糕的当然还是我已经难以记住我那件大事情里的具体细节，而这件大事才是我生活的理由，也是我朋友的旧信一而再、再而三地暗示提及的对我的力量的考验。他们说，艾琳啊，并不是有很多人能够应付得了你经受的这种考验的。或者说：你还有力气受得了，前景本来可不看好啊！可是，我应付得了的是什么呢？我自己都忘记了本来是我的生存藉口的理由——那有一度肯定阻止了蔑视本身的理由！我的命运不济，运气不好，这我看得相当清楚，这种清楚的图像，我想我已经成功地传递给你了。但是我的明显的英雄业绩已经都消失了，除了还有一点这样那样的暗示而已。我的脑子里只有一个唯一的想法——搞清楚我到底取得了什么成就，然后在一张纸上写下来，不要等到它重新从我的脑子里溜走。我做好了准备，随便什么代价我都可以付出，就是要搞清楚我的生活里的这一章。

我有一种微弱的感觉，我的贡献，相当于**天意**要把我们所有人都从悲惨境地里提升出来进入安全境地的善举，也是我们深信不疑地钻入我们脑子里的全部的那种周到的考虑。但是，每一次我尝试弄清楚这件案子里的事实的时候，这个模糊不清的概念就朝四面八方散开。就好像你想了解事情把握真相的尝试本身就把你本来还剩下的那一点东西给分解了。

关于我自己，我可不愿意使用那些大话大词，但是，如果我还是不得不谈到我这方面的一个悲剧，那么它的意义在于，能证明我的生活清白无辜的那点东西，都已经从我的手里滑走了。

问题在于，是否基本上已经没有可能再详细确认任何事情了，或者说，错误在于我总是去抓那些越来越大而无当的词。"伟大作品"、"悲剧"、"纪念碑"——它们有混凝纸的味道，像是老式的歌剧场景。我有一种感觉，现在的人再也不该使用这种言过其实的词了。如今的时代连云彩都会离地面越来越近了。当然，我是在和我的命运搏斗。但是，它看上去就像是一个浑身挂着令人讨厌的小铃铛的小丑，还有一张咧着大笑的大嘴，能从这边的耳朵咧到那边的耳朵。

我的贡献的碎片我总算还能抓住一些。我给孩子们建立起了一个新的家,这我已经告诉你了吧?而且我还尽力把他们送到最好的学校去——他们不会缺少我们当初的生活为他们提供过的一切。但是我也知道我的正式地位在什么地方,至少在后来的这段时间里我明白。等一下,给你看看我最近还放在我的手提包里的东西。对,这就是。就是这张有一座宫殿的明信片,所谓帝国风格的建筑,在这种独一无二别具一格的铁栅栏后面。你可以看到,这是一张没有用过的明信片,只是有点磨损了,明信片的图片上只写了一个词:"工作"。我有一种不可思议的优点,就是一直都知道我在哪里工作,而其他人全都在早晨还东晃西晃想搞清楚自己该去什么地方。我有这张非常清楚的图片,地址什么的都清清楚楚。在那个庄严的牌子底下有很漂亮的金字:皇家医院。收到这张明信片的无名氏一定会以为我是个医生或者护士或者类似的人物,不过,那就是这个人看照片看得不仔细,或者对我们这个社会如何运作是糊里糊涂不太了解的。

这显然不是一所医院。铁铸的栅栏,华美的栅门,都经过精心修饰非常可爱,主楼前面有个小花园,里面的栗子树、草坪和石楠灌木丛都修剪整齐几乎完美,在绿荫后面的楼房正面宁静安详浑然一体。这里没有什么不整洁的停车场，没有工厂一样的建筑，没有斑驳的墙灰，没有省政府机构常见的那种色彩艳丽夸张做作的窗帘，甚至在入口处也没有嘈杂的声音——而这座小宫殿就在市中心，依然还这么安静，右边还能看到运河和垂柳的光影。这是市政当局拯救下来的那种旧的市区医院之一，又充满爱心地把它改造成了一个人们做周密考虑规划的避难所。在这幅图景里，我真是如鱼得水；明信片最上端就是这样写的，是我自己最得意的手写体。我算是属于**天意**里的领导阶层的，不论是这种方式还是那种方式。当然也就是在中间的这一层，但是我肯定还是一个相对重要的人物。

这种责任感沿着我的脊柱拉紧，就好像一种恐惧。出于某种理由，我有了一种想法，想的是只要修好了天花板会有什么东西松开。做这样一件事情是要花费钱的，这种花费必须不惜代价列入不同预算栏目里去，这样的话，才不会出现过分引人注意的全面图像。但是，真正让人担心的，当然是这些钱到底够不够用来做这件事。如果要想成功保持一个人员齐备完整的机构，还能让所有工作人员都听不到企业界诱惑人的招聘歌谣，那么像明信片上这样殷实的环境显然是非常必要的，但是看在上帝的份上，你还得有钱去做对外的事情啊。那就变得很滑稽了：一个寒战接着一个寒战在我身上通过，却是为了**他们**。

那种分裂的感觉我心里很清楚，那是结合了——不，我不愿意说"浪费"，那个词是恶毒的舌头才说得出来的——我愿意说"粗心"，也就是说结合了粗心和焦急，焦急的是经济拮据，钱总是不够花。同时呢，当马路对面那家食品店派来送货的小伙子带来装满货筐的酸奶和黄油，猪肝酱和白面包，香肠和猪排，甚至也许还有一点熏好的鳗鱼或者一对猪脚，那种感觉真好，可以算奢侈但不是浪费。男孩子也到了能吃的年龄，需要很多食物。而同时就总有这种不安的感觉，钱不够花。有一部分钱还得用在足球彩票和六合彩票上——那是**我**为了一个安全的未来不得不付出的保险金。总而言之是不够用。这些钱甚至过半个月都不够。然后就得靠那种让人羞耻难以开口的赊账或借钱才能对付到月底。

这几乎是和我长久不能自立的生活中那段婚姻一样，是非常让人羞耻难以启齿的。那时我是一天一次得到家用的钱，为了给老大买第一双皮鞋也要央求他，可也是徒劳——所有的钱他都要用到那条该死的摩托艇上。于是就有了那些充满蔑视地对着你扔在地毯上的十块钱纸币，多少年都扔在那里。

现在我不管怎么说自由自在自己管家了。只要钱够花就没人干涉我。没别的，我就是得赢。而且我必须减肥，至少减掉十公斤。

但是，最要紧的是必须有足够的钱，才能远远躲开人们的蔑视。有钱能使鬼推磨，事实上有钱也能买到自由。比如说，给办事员送点小礼物，就可以让他们收回成命，等着看看将来发生什么事情再说。他们可能来不及在一天之内就集中精力总结出什么可行的想法。到了第二天，又是另外一批人穿着白大褂在这里游荡。我这个抽屉里储存着小礼品，可以继续收买他们，拖延更多时间。

事实上送礼物要比威胁人好多了。要不然，你会觉得最简单的方法就只是去管住这些姑娘们了。我毕竟还是**天意**的什么部门主管吧。那么她们本来就应该是听我使唤的工具。可我真的害怕她们的笑容，那种笑容是把手捂在嘴上藏着的窃笑。不管怎么说，我可不是能管住别人的人。

最后，感觉好像不管这么做还是那么做都没有用了，就是把我自己的碎片当作礼物送了人，或者是用一点我可以称作过去的东西去打击别人，都没有用了。事实上，就好像在我企图阻止蔑视的时候，蔑视倒变得越来越强大。这一点在商店售货员脸上我能看得最清楚。正是这样：我们站在一个家具店里面。你瞧，这里就是我，这里是两个孩子里的一个，是那个大一点的孩子，还有他的未婚妻，而我要给他们买床作为结婚的礼物。售货员有点居高临下的气势，所以我不得不告诉她我有什么职位，而且到这个位置我得怎么样奋发图强，是在离婚之后，是在父方的抚养费也从来不来的情况下，我怎么样像男子汉一样完全靠自己一个人对付了一切，养家糊口，不管怎么样还把眼前这个男孩子送上了一个体面的社会地位。一句话：我让她看到我不是随便什么人。不过，这个恶棍不仅没有改换成平常的态度，反而是冷嘲热讽，越来越过分地装作彬彬有礼。结果我就得买比我预想的还要贵的床。等我们离开家具店的时候，我能感到这个售货员幸灾乐祸的目光就在我的背上燃烧。我们自己也都互相不看。我知道我将来的那个儿媳妇一定是气得满脸通红，不用看我也知道。

我是要让人们看看我在这个世界上都投入了什么。我不是想得到什么勋章。我甚至不要求什么尊敬——我从来不在乎别人走路是否蹑手蹑脚，是否考虑到别打扰我。不需要，只要别说出你的蔑视，至少沉默一段时间，我也就完全满足了。我只要人们看到我取得了什么成就，要明白这个世道对我是不公平的。

但是，我自己都不记得我取得了什么成就！

最最好的事情当然还是立即得到的自然而然的赞赏。我得到过多少这样的东西，我已经一点记忆都没有了。其次的最好的事情就是能恢复名誉，这方面我也没有放弃希望。你是可以拿到这么多文件的，你难道不能帮助我吗？你写的报告能不能用那种形式——我想我不敢说是表扬信但至少也是能给我平反的信？当然，你必须写到我那些错误和缺点——你毕竟是为官方机构写，得公事公办——可是你难道不能设法找到一些好词，能为我还活着找到一点好理由？

直接表扬或者后来的平反都做不到的时候，那么剩下的就只有同情了。就是说，为了一种失败的事情奋斗过的人，四肢残缺地留在尸体堆里，还是可以得到那些在倒下的人中间游荡的人的一点点同情。当我被击倒在地上，当我躺在那里胸膛裂开，当我的裸露的还在搏动的心脏呈现在完全的孤独之中，我的亲人也全都背弃了我，那时至少还有跨过我的悲惨身体但不知名姓的人对我洒下一掬同情之泪。他们的低声说的话，他们的凉爽的麻布手巾，还有石碳酸消毒水的水滴，可比护士夜里端来的盘子里的蓝色红色的药片都令人愉快多了。

我只是有一种不太确定让我有点痛苦的怀疑，就是说我的男孩子们也不肯给我一点小小的安慰。当我对任何遇见我的人都赤裸裸地展示我是如何被遗弃的时候，他们嘟嘟哝哝地说我做过头了。在他们远远避开的脸上，我能读出他们疲倦了的判决：就是这些毁掉了我的生活。

可是，他们确实不理解！他们在我身上看到的是一个寻求献身殉道的人。没有什么比这更加疯狂了。是不幸找到我的头上，而不是我登广告把不幸找来的。但是，当我已经被击倒，狼人的利齿逼近我的时候，我还要暴露出我的喉咙来，想最后一次尝试打动那个要消灭我的恶棍，那不是大错特错了吗？

我的男孩子们不理解的是，他们其实也参与了消灭我的行为。当我展示我受到的伤害的时候，他们嗤之以鼻。但是我除了这么做又没有别的可做！我可以料想，在你被麻醉而有所缓解的时刻之后，情况其实会更加糟糕，不可收拾。但是蔑视也会要求人们对它进贡。这种传遍了世界的蔑视，这种我已经在我的男孩子们的举止上看出迹象的蔑视，它会迫使我每天都用我自己的生命碎片去喂养它。

但是，蔑视现在也会把孩子们从我身边夺走吗？我母亲的诅咒正在我的头颅里转了又转。我就是不能搞清楚，危险是在哪个方向等着我。会发生什么事情，会使得我的儿子们把为他们奉献出了一切的母亲推开。这个母亲帮助他们穿越了本来不可能穿越的东西，不仅给了他们生命，还在人们把我们的旧生活夺走的时候，成功地为他们提供了全新的生活？

我既不相信上帝，也不相信魔鬼，但是我还是有一点迷信。我在十三号这天就不买彩票，而中奖名单也要求某种仪式你才能通过，你要是违背了你就不会不受惩罚。还有一种感觉，就是重大的词和集中的想法，不管怎么样**会**影响到命运掷出的骰子的运动。因此我母亲的诅咒能把我吓得神魂颠倒。在历史上，你找不到什么理性的东西。为什么孩子们会和我背道而驰,就因为我们没法和母亲继续同住在一个房顶下的时候,我要求妹妹来照顾母亲?其实他们和我一样,对她并没有多少爱,也受不了她的唠唠叨叨和打骂的残忍,而且还总是要搅和在她既不懂又没兴趣的事情里面,只不过这些事情会挑逗起她的控制欲望。不对,当她在暴怒中终于收拾好她的行李箱子离开的时候,孩子们肯定是松了口气的。

威胁是从谁那里来的呢?没有什么事情可以说明我的孩子们是因为他们自己的力量而弃我而去的。总有些什么事情只会在睡梦中来折磨我,那个时候就有另外的、也是非常颠倒黑白的逻辑。我能清楚地看到每个细节。也许这更是伤口,而不是梦。

我明白,我没有权利对你隐瞒这些反复出现的噩梦中最糟糕的噩梦。也许这个噩梦是想告诉我什么,如果是这种情况的话,那我也想不出到底是什么。也许那只是毫无意义的那种大杂烩,要是你晚上美餐了一只大螃蟹它就会在半夜来折磨你。我能希望的就是,在你和我一起检查这个噩梦的时候,它可能包含的内容能够显示出来。

在这个噩梦里,我是和孩子们一起到集市上去了,想让人评估评估他们。这是在离婚之后非常自然的事情。我必须让他们站出来,要掀开他们的嘴唇让人们看看他们的牙口。出价的人就用手指沿着他们的牙肉，还在他们的下巴底下摸摸有没有囊肿。一个孩子的下巴有些向前突出，而另一个孩子还没长出门牙。有人把他们的缺陷写在一张方格子的纸上，这张纸又用一个巨大的夹子夹在一块木板上。买主检查了孩子们的角质层，还捏了捏孩子们的二头肌和小腿肚，又无耻地检查下身，想知道是否可能有隐蔽的疝气，还让他们试试爬上叠在一起的几张桌子。然后他把那个大孩子拉到旁边，翻起一只眼睛的眼皮，用一个笔状手电筒直接照进那孩子的脑子里查看。然后对包围着我们的观看者点点头，嗷嗷叫着表示认可。我也是在这个时候才看到这些人：一大堆的眼睛，还有随心所欲地咧着嘴的狞笑。这才是些确确实实有兴趣的买主。那个动手检查的人其实不过是狗腿子而已。

突然间很多年就过去了，孩子们也都长大了，但是依然还是多少有点孩子气。现在这种买卖就大张旗鼓地开始了。围绕着我们的眼睛和狞笑还跟过去一样。但是衬衫袖子上戴着那种老式橡皮带子的买主不见了。现在看起来不是别人而是我自己站在中心了。这些人聚精会神地听我说话，期待着从我这里听到值得注意的事情。所有的眼睛都盯着我的嘴唇。

我能听见我上面的帐篷顶在风中扯动的声音。扯动得那么厉害狂野，好像要扯成碎片了。我发现我打扮得就像一个集市上的老女贩，头上包着头巾，长长的围巾在脖子上缠绕了好几圈。我的手通红，因为冻伤而裂了口子，又沾满了鱼鳞片。我感觉我没有穿紧身的胸衣，身体就朝不同方向膨胀起来，连我的衣服都在接缝的地方绷开了。最糟糕的事情是没有了紧身胸衣我的袜子就没有吊袜带吊不起来了。它们滑了下去，滑到脚踝上，而我坐在一张折叠椅上，喋喋不休说个不停，也越来越心不在焉，因为不想让人注意到我的衣服。我的脸颊变红了，既因为天冷，又因为害臊。

我的生活就是靠我能成功地抓住和保持我周围这些人的注意力来维系的。要是他们转过身去散开，那一瞬间我就失败了——这就是控制着我这个梦的法则。但是我不会出卖我的孩子，不论他们出什么价钱！随便什么都可以但就是不能卖。我说话越来越绝望了，越来越多地出卖的是我自己，先把我分成块用一两张报纸包起来，然后再包上一张巨大的牛皮包装纸，最后要用这小小的胶带封好。我是不能停止说话的，连停两秒钟都不行。

海鸥从风的上边栽下来，又扑闪着翅膀飞起来，盘旋着飞走，然后飞回来，越来越不知羞耻。我们在伤害科的病人，通常向我们不安的客户安排保险所要对付的，不就是这些有无情眼睛和可怕鸟喙的海鸥吗？我们是否就因此而提高保险本金呢？不对，现在叫做什么保险费了。我们是否因为考虑到海鸥群越来越大，越来越肆无忌惮，所以要提高保险费呢？它们是某种倒了霉的天使。而对它们的程序编制可能出了这样或那样的错误。

但是我只能从我的眼角看到这些海鸥。我正眼要看的是客户。而且我得着急地说；能说的东西，能卖的东西，都越来越少了。天哪，有些人已经要离开了！我的男孩子们到哪里去了？其实我还没明白什么，就已经明白我把一个孩子都已经卖掉了。而另一孩子我正伸出手去摸——我瞥见了一只不愿意和解的眼睛，而它立即滑走，钻到最远的那只箱子里的碎肉和冰块里去了；努力挣扎着的身体还想钻到冰块下面更深的地方去，要滑开的皮肤给人的感觉是又滑溜又冰凉。不等我找到词汇来说，我就在几秒钟的注意之下，把这个孩子也卖了。我肯定是把他包在那种棕色的牛皮包装纸里面的，因为现在我看见一个买主正扛着那包东西走开，而那个包还在滴血，一次又一次地抽动。我自己的内心越来越空。手也抖动不停。我的男孩子们永远不会原谅我！

而一切都已经是徒劳无益的。客户们早散开了。我看到他们的背影里的蔑视。这种蔑视要比刚才还巨大！

可是我又别无选择!在这个梦里面,只有这些针对我发生的事情。我只是把该说的话,该做的事情,全都塞到这个梦里去了。我不愿意这样。恰恰相反,我是全力以赴地抗拒的!

你从这个梦里能得到什么呢?我当然明白,我的孩子们会怎样来解释这件事情。他们会以为他们早明白了,我总是把他们出卖的,尽管他们过去从来没有被这种想法困扰过。而他们无法原谅我。

但是,这个梦里有一个完全不同的要点,是他们不会比较快就找到的要点:我其实总是尝试出卖掉我自己,而不是出卖他们。而我像个市集上的老女贩那样坐在那里,连衣冠都不整齐,因为连一件像样的紧身胸衣都没有而羞愧难当——这还不是很清楚的一幅图画吗,说明我从来不在乎为自己做点什么买点什么,结果就把我更加暴露在这种蔑视面前,而这种蔑视像只狼,正到处转悠,在寻找可以下口的猎物呢。为了能培养出孩子们,我已经放弃了所有的奢侈,所有的舒适。他们需要一切,才能够让生存的恶狠狠的狼眼缓和一些,不至于把他们吞噬。我自己放弃的一切,他们都不需要缺少。而在他们的额头上,他们贴的价格标签的价格,是我自己从来不敢想象得到的价格。

奇怪的是,我自己站在这个梦的中心,而同时又在这个货摊之外的一个地方看着我自己。好像我是坐在另外一个人的梦里喋喋不休地说话,这个梦非常寒冷,冷到了不可能让人醒来的地步。

是谁梦见我?是谁用这种样子把我暴露出来?这里有一种背叛,是我不会搞明白的背叛。

到底是谁出卖了谁?

我也不明白，我做了什么事，就该受这种惩罚，人生最后这点时间会在一堆垃圾里过完。我本来也没有指望有什么更好的结局，知道自己到了老年也一样受人冷落无依无靠。我对任何改变都非常害怕，就像孩子们说的，我本来就该知足了。但是我没想到我的生活会变得如此肮脏不堪，如此臭不可闻！也许我不能说有什么特别的东西被人偷换掉了。当然不仅如此，以至于线条都会清晰起来，成为漫画。而比过去都更加清楚的是这种蔑视，它已经穿越过了造物，成了没有边际、疲倦不堪的鄙弃。像是一个唯一的"长臭屁"，在乡下的女佣人住的下房里就是那么叫的。

　　我就是不明白，我做了什么事，就该受所有这些罪。这里面像地狱一般的混乱，没有任何秩序，唯有一种持续不断的折磨和苦难。每一个破纸箱，每一片烂橘子皮，每个生锈的罐头盒子，都在用一种送货上门的投递员的口吻说话，再一次拼读着送货单，坚持说：没错，我们得到的就是这个地址。我们确实都属于你的生活。

我本来还以为，老年会是一种死板地量刑的惩罚，针对一个人年轻时犯的不可饶恕的罪行，或者是针对一种所谓的死孽。但是，也许不是如此，而是整个人生都是一种结合起来的罪与罚、罚与罪，就是最会狡辩的律师也说不清到底是先有罪才有罚，还是先有罚才有罪。至少对于我来说，只要我活着，生活就在鞭笞我。只要我还能记得，或者说只要我还能设想，蔑视就一直存在着，一种蔑视连续不断地生出新的蔑视。但是，我是怎么会进入这么一幅图画的呢？是因为**我的**罪责，蔑视才牵涉到我？是不是我自己成了没人要的累赘，因为我不敢给自己标上更好的价钱？是不是那个殉道烈女自己的过错，所以箭镞射穿了她的胸膛？是不是被车压伤的人自己的过失，让那些围观者至少还尝试用他们的同情来缓解一点伤者的痛苦？

我无法理解。这里真是毫无道理。我的整个生活已经成为一种尖叫着的不公平。我知道我死的时候，我的脸会成为对公平的一声呐喊，一张小小的、干枯的脸，围绕着一声呐喊褶皱起来。

因为人们自然会忘记我,就像他们会忘记一切其他的东西,那就让我孤独地死去吧,只要我变得僵硬,嘴巴也不再能闭上了,下巴就那么垂着,就让我那么去死吧。我会在一声呐喊中结束我的生命,而呐喊却不会结束。

不过,眼下就让我一直躺在这里吧,盯住那堆地狱的垃圾堆,它已经成为我的家。过去,我还能在它上面自由自在徘徊飞翔,要不是我现在被带子和重物绑在下面,我当然还可以那么做。我不知道什么事情是最糟糕的。当我飘在上面和天花板摩擦的时候,也不会比我躺在下面的垃圾堆里的时候有更多的价值。

对这里面的混乱,毫无秩序,你也没法做些什么。就在一刻钟之前,还有一个护理员觉得,就因为所有这些纸板箱的遮挡,我甚至没法在这么一个美丽的夏夜通过窗子看到外面,这实在是太讨厌了,所以她想办法搬掉一两个纸板箱,可护士过来拦住了她:——你想干什么!就好像这个可怜的小姑娘想要调整世界的秩序,幸亏在最后一刻被拦住了。或者就是她违背了工会的规定。不,在那个护士的声音里,确实还有其他的考虑。她拦住了那个小护理员,就好像这个小姑娘几乎要出什么事故,会严重地伤害她自己,这完全是出于好意。反正我不懂。

这个世界曾经有一度是可以打扫的。我的感觉非常清楚，就和右脚上的蚁走感一样清楚，是很久以前的一个星期天上午，我怎么样躺在我自己的公寓里那个三角大钢琴下面的坚硬地板上，我躺在地板上清扫。能把这幅图画保持下来的痛苦是非常清晰的：就像你们那些人会说的，我是没指望了，这是经过很好诊断而做的结论。我有可怕的风湿症，几乎可以把我折磨成残废人，而再过一会儿会有一个陌生人来我这里。这个小姑娘不见了；那时候人们家里还是可以用得起佣人的，不是吗？而且男孩子们当然根本不管我，也不管我请什么人。此外，那个大钢琴——会让你产生非常错误的看法。那不过是个又老又破的东西，是我一个女朋友——不是叫丽森吗？——在搬家的时候不得不扔掉的。我想，我是花了一两百克朗从她手里买下来的，或者是我只付了搬运费就拿过来了。我不喜欢随便把东西扔掉，那我情愿我接过来。你可以明白，这琴其实都没法弹了，但是摆个样子还是可以的。这可是一件表示地位的家具。丽森说，那是莫扎特弹过的老琴，或者是什么格什温弹过的？尽管我可能记错了。我躺在下面的地板上往前出溜的时候，那对我来说不管怎么样也是一个标志，或者叫做什么——一种象征？说明我是怎么培养我的孩子们的，说明我怎么样对付一切困难维持我们的生存。

但是，我说到哪里了？对，是说到我在那架三角大钢琴的下面，说到一半了。我钻进了大钢琴的下面。风湿症非常严重，以至于我既不能走又不能坐，但是我还是从床上爬起来，因为很快有客人来，而地板上还有很多灰尘卷成的绒球滚动。客人们的眼睛已经在这里了，看着每个灰尘的绒球。他们耸起了眉毛，还很快地互相使着眼色。我能感到我是怎么样猛然抬起头来，就像一只海豹，滑溜着摇摆着往前爬，要紧的是在猎海豹的猎手举着大棒子奔跑过来的时候，我很快能从礁石上爬到水里去。我的心脏怦怦直跳，耳朵里都能听见。只要把那些长长的灰尘绺也都收集起来就行了。装垃圾的铲子在地板上摩擦，但是现在我的呼吸平静多了：一切都恢复了通常的样子。

　　那个时候还可以打扫，至少在有人来的时候你可以打扫。而现在呢，成了什么样的侮辱！特别是巡视病房的人要来的时候，我都无法把这里的垃圾藏起来。臭气熏天，整个房间都有苍蝇嗡嗡乱飞。突然他们就进来了。那个医生做了一个无可奈何的鬼脸，跨过那些纸板箱和空的电视机壳子，忍住恶心拨开一块带屎尿的破布和一个漏了底的铁皮桶，这样才能走到我的床前。是用她的鞋尖把东西挑开的吧。我感到很羞耻，以至于脸都红了，尽管这些脏东西其实都不是我弄的，不是我的责任。这个医生先带着责备的目光看了我一眼，于是她看到我眼睛里充满了泪水,她就在我的胳膊上轻轻地拍了一下,这一拍的意思是说:——你的情况也好不到哪里去。但是连她也不敢搬掉什么垃圾。她只挥手赶掉苍蝇。然后叹了一口气,看着紧闭着的窗户。

我什么都不明白。

无论如何,我有一种办法,能躲开所有这些侮辱人的废物垃圾,它们已经堆积得比我的床都高了。我会到遥远的国家去旅行。当然啦,不是身体意义上的旅行,老天保佑我别那样。我甚至都不敢飞,是我最不愿意做的事情!我总是带着恐怖感一次又一次地想到我们这个楼里另外一个离婚的女人安克太太,她的小儿子在一个很远的国家生了重病,她就不得不赶紧上路去看他——我想他的名字叫亨利克,反正还是我的一个儿子的同学。她只拿了护照和盥洗的东西就上了一架飞机,把自己扔进那个完全不熟悉的世界!当然,要是我的儿子们出了这种事,我可能也会这么做,可我一定会吓得一直呕吐。

不,不是那样的,我是在这里的床上旅行,把我的那些旧的旅行手册当作远洋客轮。它们可以把我带到欧洲的每一个角落——我最喜欢的旅行是"轮椅上的罗马"。我还可以不冒任何风险就到达了南海上的美妙环礁,甚至还可以得到帮助,下到温暖的海水里——护理员拿起温度表看过了，说是三十摄氏度。过去我从来不敢到国外去。对了，我可能到我们的邻国去过一次，那个国家叫什么名字来着，可是我已经无法确定了。

那些真实的旅行，在我自己并不向往的那个层次上，其实是一种风险。想想看，那些省议会的头面人物，今天出发到澳洲大堡礁去，为的是得到新鲜的想法，以便克服康复工作的障碍——想到旅行可能交换来的收获，你就可以知道他们冒了多大的风险！我靠这些有点损坏的旅行手册的帮助也算去过了不少地方，我知道那里很远，远到了让人害怕的程度。找回家的那种概率，这么说吧，是还能记得从地狱的什么地方出来的概率，实在是小到了不能再小了。他们冒着留在那些黑人国家再也回不来的风险，还没有什么像样的养老金。我们得知道感恩，因为还有那么多人为了我们去冒这么大的风险。

我认为，在这里的床上旅行安全多了。但是我也很愿意能够通过窗户往外看看。我不理解，**天意**都不帮助我摆脱掉那些最糟糕的垃圾，比如那些破旧腐烂的栏杆，损坏了的超市购货车，而首先是那些啤酒箱——看到这些箱子人们会怎么想呢！**天意**，如果有什么**天意**的话，应该很热心来保佑我，让我避开所有这些臭气，所有这种肮脏，所有这些堆积起来阻挡了我每一次视线的污垢。更不用说苍蝇了，光是它们就有危害健康的风险。这就好像**天意**认为这里现在的状况应该是我的生活。你不也是一直收集着很多垃圾吗？现在资源又非常有限，也就那么多资源，那么我们很愿意尊重你的人格，随你自己怎么做吧。

那些看不见的力量，它们会收集所有那些损坏了的纸箱子，所有那些腥臭的鱼箱，所有那些肮脏的塑料袋，所有这些围绕着我的滑腻腻黏糊糊的东西——它们不是和那些力量还是亲戚吗，不是它们说它们会照看我吗，说愿意把我需要的公正还给我？

一种和蔑视交换了样子的公正。

我突然感觉到，你到我大儿子那里去过。你别说什么了，不要对我否认这一点！要是你衣服上还有香烟味道我就感觉得更清楚了。你反驳我，我就能感觉到。起先我什么都没注意，但是一下子我就看清楚了。他肯定对你说了很多有关我的坏话，这点我已经明白了。

你不觉得我有权利为自己辩护吗？你至少可以回答一下吧。好吧，你不愿意告诉我，这次他对你扯了什么谎。我可以告诉你，实际上也不用你说。我很清楚他对我到底怎么样。这个伤口从来就没有停止过流脓，从来就没有停止过疼痛。

再说我也不知道两个孩子里是哪个先对我开火的，或者就这一次他们是串通一气。我能记得的是那些话，那种话是一个孩子永远不应该对着母亲说的。他们说我总是对他们撒谎，有关他们的谎，有关我前夫的谎，有关我自己的谎，有关上帝的谎，有关这个世界的谎。而这谎可以对无论是谁说，只要他还有耐心听——全都是为了从这个或那个陌生人那里搜刮来一点同情，一星半点的安慰，也不在乎是谁。不是说我随便扯谎信口开河，那样就冒着被人一戳就穿的危险，而是我让说的话和发生的事情能狡猾地移动那么几公分，于是内容就改变了。

我太激动了，都找不到什么话说了，我只听见自己反复地叫喊：——可这是怎么回事情！这是怎么回事情！

他们根本不知道他们在说什么。他们也完全不懂真相到底是什么。就算是他们偶然碰上了真相，他们也不会认得出来，不知道什么是真相。

你就瞧瞧窗子旁边那张桌子上的文件堆吧，已经堆得那么高，摇摇晃晃，以致有些文件都掉在地板上了。那些我已经离不开的包装盒子，只能装得下我的产品的一小部分，我来得及复印的就那么多。用这些文件，我至少已经帮助那些笨手笨脚的人找出真相，那些人靠自己就无法得到这样的奢侈。这么多年来，不知有多少不幸的人，数以千计的不幸的人，曾经在我的办公室里坐过，面对我也是一部分的这个政府机构，惊慌失措地求助，可也没有什么语言可以表达，能够让自己受的罪得到解脱，让正义得到伸张。只要他们在自己的镜子里都找不到自己，这些人就被当作空气一样对待。就在这些有破坏力的经验之中，是那些带着巨大的困惑活着的孩子，而现在他们要拿得出不同种类的请愿书，他们必须在这些请愿书里对自己的情况作出精确无误的说明，提供一幅幅精确的图画，调查出问题的根源，还能证明他们的正当权利，即使他们的希望已经被粉碎——同时呢，还会请他们指出，在那些堆积起来要毁掉他们的说得好听非常雄辩其实不可理解的东西里，还存在那些可能的不完美。他们坐在我的办公室里，就像是惊吓坏了的孩子，几乎就成了隐身人看不见了，抽着鼻子嗅来嗅去而手也毫无目的地抓来抓去，还有很多毫不相干的看法，在一种慌张失措的逻辑中横冲直闯。我帮助他们找到自己的生活之书里合适的那些页面，让他们能从自己的经验出发，措辞合理地写出足可引人注目的论点，也许最重要的是能够发现那些没有面目的人脸上让人疼痛的粉刺。这些人正在信口雌黄，能把他们说得晕头转向。我的眼睛里一直有的玻璃碎片，现在变得很有用，而我的让人恼火的精确性，能够使得他们幸运地感到惊奇，惊奇得甚至倒吸一口气。

但是，对他们来说最有意义的是我能听他们说话，尽管他们非常害怕，而且我能认真对待他们的口吃，他们的手脚不停地摸索。他们对自己突然的大胆都会吃惊得张大嘴，而把本来对自己都不敢说的话对我信任地倾诉出来。我和这些被人鄙视的小生命是多么接近！在这里我有了自己的正确的元素。和他们在一起我就是真实的了，是一种我自己的男孩子们从来不会理解的真实。而我帮助的孩子们，他们自己也会带着日益增加的希望成长，最后也会一直爱我。我一直还能从他们那里收到信件和鲜花，虽然已经是很多年过去了。他们中间没有一个会背叛我。那里面有我的真正的孩子。

那些文件里，每一份都包容着一个生命。每一份文件都是一部小长篇，一部对那些自己都没有一种语言的人嘲讽地提出要求的精确的小长篇。我帮助他们找到词语，使他们可以被人看见。也许，我给了他们的梦想和希望一种不成比例的空间。但是我也写下了他们知道之后也受得了的事情。那些文件是他们还敢于从中认出自己的小说，是他们还敢于更深地进入的小说。

所以，我就总能知道什么是真相。这可不是像我儿子们想的那样，不付出代价就能得来的。我帮助那些成千上万人找出的真相，几乎是不可能放入一份文件里的——尤其在它们必须是那种可以让人忍受得住的真相的时候。不过，我们团结在一起就能成功。

当然，我对所有这些事情全无记忆。这些事情的的确确发生过，这是靠我总是准备好一而再、再而三地做这些事情我才知道的。从窗子那边的文件堆里传来的窃窃私语也证明我说的是真话。事实上我开始相信，那些积满灰尘的文件，其实是那些能够开脱我罪责的生活材料中的一个重要部分。

我曾经努力让我的儿子们对我的文件发生兴趣——照我习惯的说法，那就是我收集起来的作品。但是我当然没有成功。谁还见了鬼在乎你那些陈旧的个人档案！就那三十多年的尘土你还能搞出什么名堂？你是吃错了什么药还保存这么多垃圾一样无用的生活？我可以肯定，老大就蔑视我写的这些东西。小儿子其实也差不多，但是他从我这里得到的那么多，他就闭嘴吧。但是这个老大，他从来对我写的东西不说一句好话。我寄到他那里的东西，他肯定是什么都不看。我也不读他写的那堆东西。在这点上，我们之间有默契：谁也不读对方写的东西。我床头柜上有他那份庞大的调查报告，已经很脏，边角都卷起来了，还有很多咖啡杯底座留下的圆环痕迹——但从没有打开过。他要说的那些事情我就是毫无兴趣。而且，题目本身就太抽象了，甚至不会吸引一个人自己的母亲去读。不过，他的书放在这里的床头柜上还是不错的。如果我有时候难以入睡我就躺在那里看一会儿书脊上的字，在裂缝和毛边之间我还能辨认出几个词，"健忘症"和"结果"。只要看上一会儿我就睡着了。

我不太清楚，"健忘症"的意思是"失忆"还是"原谅"。它也可能就是一回事。

不，我这两个儿子根本就不知道真相是怎么回事，既不知道它对我的意义，也不知道它在世人的眼睛里是什么样子。我说到这点的时候，想到的还不仅仅是指这堆文件里写的东西。他们责备我，说我撒了有关他们和他们的父亲的很多奸诈的小谎，说得如此谨慎而圆滑，以至于不会有被人识破的危险，而不管怎样还给我带来很多好处。

儿子们称作谎言的，其实是我一种绝望的努力，想要在我的生存这一堆杂乱无章毫无意义的东西里面找到一种关联，一种模式。他们打上谎言标记的东西，其实是我真诚的尝试，搞清楚我到底出了什么事情。我必须尝试把所有那些模糊不清复杂纠缠的事情都掌握住，正是它们把我的生活变成了一堆废墟。这是帮助我自己，而帮助别人比帮助自己要容易得多！

我被人背叛到这种程度，难道我还没有权利，尝试各种方法，使我能找到一条捷径，穿过人们把我扔进的这一切迷津？他们不是就要让我迷路吗？我其实是生活在流亡之中。在平庸的意义上，我说的这一套可能和他们自认为他们认识的那一套并不总是相符的。大致上看，就好像是我把这一时刻的问题和下一时刻的回答给搅在一起了。但是，在更深的意义上，我直接就闯进了那些我能看得见的爬行在我身边的危险之中。而我有充分的理由对这种将会发生在我头上的事情感到恐惧，难道我还不可以对这种让我恐惧的事情给一个名字吗？对那些可能要来毁掉我的事情做出警戒，那就是谎言吗？如果我不提前那么几个瞬间就看到将要发生的事情，我怎么能对付得了它呢？

而我的儿子们说我撒他们的谎，也许还用这样的理由来摆脱我——这本身就只能证明我的恐惧有道理，说明他们随时会背叛我。我只是用词语说出了我害怕的事情——而他们证明我是对的。

但是，最让我痛苦的还不是他们居然责备我撒了有关他们的谎。最让我痛苦的是他们声称我撒了有关我自己的生活的谎，或者说，我至少试图撒这种谎。最让我痛苦的是他们的暗示，暗示我生活在一种自己的谎言中。

我感觉这就是一种连续不断的痛苦：儿子们的意思是说我为自己创作出这种生活，这种过去，这种条件，这种被人偷窃掉的可能性，要让我成为这个故事里的让人同情的女主角。要是达不到目的，我就撒有关他们的谎，说一大堆低俗的事情，这样就至少让我成为这个故事里的无辜的牺牲品。他们在他们的笔记本里就能找到这种低俗的事情，然后涂写在从日历上撕下的纸上，塞到我鼻子底下让我看。这种伤口我没法治得好。没人有权力用这样的暗示来折磨一个人。这是没有道理的，不公平的，不论你愿意怎么说吧。不过，他们的话还是会一点一点地钻进我的脑子里。

我的生活到底怎么了，就成了一种谎言呢？有人已经试图骗走我的生活，拿走我的价值，摒弃我——而我反而通过艰苦的工作，非常艰苦的工作，通过无私的奉献，赢得了尊敬，让人佩服，甚至赢得了很多沦落者的爱，因为他们在我帮助下得到了公正对待。这里还有什么谎言？而且，在我确实像一些人希望的那样倒霉的时候，不管怎么样有很多人认为这对我是不公正的。这里还有什么谎言？我把儿子们拉扯大了，给了他们一个安全的家，而不是坍塌的窝，帮助他们受到很好教育，而不是成为那种大字不识的跑腿小伙计，不是文盲，或者随便什么等着他们做的苦差使，我也给了他们自己的家，而把我自己留在贫困潦倒的境地。这里还有什么谎言？

而且我也没有让自己成为烈士。我的儿子们不懂的事情，是我总是必须保护自己，对付那种蔑视。我必须时刻准备拿出一种好的理由，才能维护自己的脸面。但是当我突然被打败，跌倒在地的时候，我也必须找到一条出路。我并不像他们暗示的那样，只好展示我遭受的痛苦。我只是把我的喉咙伸给带头的狼看看，希望能平息它的咄咄逼人的气势。

他们说什么谎言的时候，他们的理由也是我好像可以随便说我想说的话。他们忘记了，我周围是一片混乱，充满恶臭，是发霉的期望，还有堆积起来的蔑视，他们忘记了，这一切会在我的嘴里塞满词语，而我自己都不会注意到。我总是害怕，我对着说话的人突然会觉得我有点过分熟练地就把事实摆出来了，而她在经过片刻的困惑之后，就会在厌恶中变得僵硬起来了。但我没有什么办法阻止这种情况发生。是蔑视对我提出这样的要求，我要自己去滋养它，而在我最意料不到的时候，就哄骗我把那些词语塞进嘴里，正是那些会增添我的耻辱的词汇。

但是我没有撒谎！

我可不愿意说，连**天意**都会撒谎，尽管我能看到，在它声称要为我们做的事情和实际上发生在我们的头上的事情之间是有裂缝的。别误解我。我不是不知感恩的人。天意管着我们生老病死的俗世生活，我们的孤单它也过问，这我都感激不尽，但是，要是它还能缓解缓解我们的病痛我就更加谢天谢地，要加上更大的价值了。

不过，这自然也是有前提的，就是说你也得有资源来做这些实际的事情。比如说吧，十二号房间里的那台早就过时的心电图仪，松松垮垮很多年前就没法用了，但是他们还是坚持使用它，因为这机器毕竟还是涉及心脏这样的令人振奋的东西。有人把所有的感应器或者现在有别的称呼的那些东西都用胶带固定起来，然后就让这可怜的仪器运转起来。打出来的图纸上，当然就是一条没有用的直线，或者干脆是完全空白的，什么都没有，反正我记不得了。而这时穿白大褂的人就会疑心地问：——你的心脏今天不想参加我们的小小的检查吗？

我知道，在那些现在流行的更加严厉的星宿下面，还把钱押在微小的技术上，那是不可辩解的。在我们这边，密码就是"带着人的面孔的保健"。X光机就扔在破自行车及空酒瓶堆里生锈，实验室消失在蜘蛛网里，手术台沉入了灰尘之中——事实上这些你都可以通过那个裂缝的门看到，就在那两块钉起来的木板下面。这个医院是把钱都投在一个广大的工作人员的接触面上的。

而很清楚的是，当眼下坐在你前面的这张椅子上的穿白大褂的人前一天还是个钟表匠或者清洁工，那么这些新的或者更新换代的仪器，也不会给你什么帮助。她有点无能为力地把听筒放在你的胸部，一会儿听听这里，一会儿听听那里，好像她知道医生就该这么做的，而实际上她的眼睛看上去就像冷掉了的咖啡，嘴里还嘟嘟哝哝地说并不确定的话：——自然会好起来的，自然会好起来的。你就相信我们吧。

天意已经成了一个安慰者和同情者，把你抱在它巨大的怀抱里，还抚摸你的头发：——可怜的小艾琳，今天我们听你说的事情真是太可怕了。不过，你不用害怕。我们总是会在这里的。你总是会有很多人在你身边,大家都非常可怜你同情你。实际上呢,你也知道,不会有什么坏事落在你头上的,至少在这里和我们在一起就不会的。当然今天你是倒霉了,艾琳。不过,你实际上还是得到一次十五分钟谈话的时间,这你别忘记。

把我抱在她巨大胳膊里的这个安慰者好像在变得越来越大,也越来越重,越来越全知全能,而同时呢,我自己变得越来越可怜。就好像天意是从我们的无助无奈中获取了营养,从我们本身的软弱中获得她的力量。

你不喜欢我这么说。而我躺在那个巨大而柔软的怀抱里的时候,我也听见了她们的责备:——你应该把这些诊断留给我们来做啊,小艾琳。你的错误是你对自己要求太高了啊。你眼睛里那块发痒的玻璃碎片,把你自己的缺点都放大了,然后你还为此而批评我们,而我们只是想帮助你呀。其实我们看得到,你那些不合道理的指责最终影响到的是谁。如果你能在我们的怀抱里安静地躺着不动,只接受我们全部的爱,那么事情对你就会容易得多。我们就不得不给你一点小小的警告了,而这也是为你自己好。而且,是不是有什么事情你就想瞒着我们呀?你也知道得很清楚,这是不可能的。不管怎么样,我们还是会了解到一切事情。但是,我们希望你自愿说出来。我们真的觉得,我们可以要求得到你的信任。

好啦好啦,你抱怨说,我们没有为你的风湿病做些什么。可你也得明白,小艾琳,**天意**已经有一件如此庞大的工作要做,要对每一个人的生活负全部责任,同时经济上又需要那么精打细算,来不及照顾到每个人的比较奇形怪状的病症,也不能用我们实际上希望的方式来满足人人的需要。因此,你们必须表现出一点耐心,而且在等待的过程中,要自己想办法堵塞一下你们的流血的心脏,或者现在还有一根可怜的血管在流血的什么器官。从长远来看,我们估计还能再做这些手术,起码还能为每个人都安排一种动感情的联络。

让我困惑的是,尽管来上班的总是些新来的人,她们却能那么容易地找到那些公众接受的词汇。就好像那些行话就装作她们的白大褂里,只要把胳膊伸进去就能拿到。她们总是做好了准备,随时可以处理那些大问题,而把那些让人痛苦的小问题藏到一边。

——这种时候你得努力镇静一点,小艾琳。你分心可分得太多了,一个人同时想到那么多地方去。我们真的不知道在哪里能找到你。

镇静一点!就好像她们根本不理解,一个人的身体的碎片,一个人的所谓精神生活的碎片,是怎样四散在这种空虚中。

尽管对我来说，当然更加容易看到我们的状况，因为每一块小碎片都必须有一点紧紧捆绑在一起的重量，才能把自己保持下面的这张床上。实际上我还有一点称得上记忆的东西，能记住有一个早上我如何把右脚单独地抬高，甚至摩擦到了天花板。这只脚一定是在睡梦中从吊带上扭开了。或者是搭扣松开了，我也搞不清楚。不管怎样，一下子乱成了一锅粥，又是搭梯子，又是按摩，甚至还要输血，虽然我很怕别人的血她们也给我输。而且，自然还有很大比例的所谓谈话疗法：——你对你的情况不满意吗，艾琳？告诉我们，你那小小的脚让你感觉到什么啦？你可不能用这种方式就不要你的脚啦。你自己想想吧，要是人家不要你了，你会有什么感觉啊。

什么呀！

就是你把漂浮着的脚伸到她眼前，她也搞不懂我们其实是什么样子，更不用说我是什么样子。在我的床边，散落着一大堆人体的碎片，停留在那里不愿离去，临时又聚集在一起，变成了有点像是治疗师的东西，然后平静地把一块手的碎片放到我的小臂的碎片上，说话的时候也没注意到她话里的反讽味道：——你真的必须把你好好收拾起来了，艾琳。

你们**天意**里的人，不需要让自己伸得太远。对任何事情你们都不需要有罪责感。我知道，你们以为你们对我们有百分之百的责任。不过，对每个人在想些什么你们还是不能负责任。尽管在这件事上，我已经注意到我们看法不同。你们觉得，对穿过每个人头脑里的一阵风你们都想负责任。而我怕你们还有办法确保那些好的想法，尽管我还没有搞清楚，你们是怎么做到这一点的。进入头颅的洞察力是一回事，你们怎么让我们头脑里的想法走上正确途径是另一回事。不过，你们对我还真的没想出什么好办法。今天晚上我能荣幸地得到你的访问，也许就是这个原因吧？

但是，我并不想批判你们。相反，我羡慕你们。我只想知道你们是怎么做到的。就算我自己在这个体制里工作过，有过一点想法，现在也全都忘记了。也许我们还没有走得那么远。可是，把正确的图片装在人的脑子里可是一门大手艺，也正是我想掌握的手艺。而我觉得我总是装上了那种错误的图片。

我怕我小看了**天意**。可能我把**天意**看作我自己的亲戚是有点过分了。其实，**天意**自然要巧妙得多了。而首先可能是更加具有冒险性。正因为它本来是一片好意，是为了保护我们免受每一个尖锐想法的伤害，因为这种想法会损伤我们的大脑皮层，我们就忘记了问问我们自己，**天意**怎么能够在每时每刻都知道我们想什么。也忘记了问问我们自己，**天意**会有一天用自己的全部知识做些什么。

我自己看起来并不能运用我的知识做什么事情。我是站到了所有这些社会联系中心的人，要是如此，本来应该知道一个人怎么避免孤独。

最近这几年，我周围的人是越来越稀少了。这有点奇怪，因为现在并没有什么人死掉，不管怎么样没有正式地死掉。但是，人要互相丢失还是有其他方式的。我当然记不住，我是不是把什么人扔开了。相反，我有一种活生生的感觉，我自己被人扔掉过好多次了，而且他们还把责任赖到我头上。我就是不明白，我干了什么事情而会这样。

我知道，有件事可能促成了我的孤独：我从来不能抵制一个陷阱。我们的教育成长中有很大一部分肯定是用在分辨所有那些巨大的捕鼠陷阱，它们其实是为了我们这些多管闲事的人类而布置在四处的。当然我能看到它们，想看得到多清楚就有多清楚，不过我就是不能打消掉那种诱惑，就是想钻到里面去。我不知道这是为什么。我只会感觉到一种不可抵抗的欲望，要想爬到那一小块可怜的奶酪前边去，尽管我也看到那根巨大还闪光的钢丝弹簧夹是如何绷得紧紧的，知道它会怎么样猛然夹住我的脖颈。奶酪其实已经很老了，边角都已经卷曲了，肥油滴都从干硬的表面上渗透了出来，但是气味已经完全变了味——它有了一股病态的甜味，能让我神魂颠倒。我对自己说不行，不行，不行，再三地说不行，但是就在我知道这个词什么意思之前我已经软绵绵地躺在那里，钢夹子已经深深地卡在我脖颈里。一种比我自己具有的力量还大的力量把我挣扎着抗拒着的身体一步又一步地拖到了这个断头台上。你可能觉得我这个故事听起来有点太一般了。我要说得更清楚一点。我要告诉你这个故事，告诉你我是怎么失去我最好的朋友的。

就是说，我有一个很要好的朋友，我记不住她的名字了，只能记住她留下的伤口：我们就叫她丽森吧。我想我从来没说过丽森的一句坏话，从来不，没有关于丽森的一句坏话。她从来不摆什么架子。她是很实际的人，也有一种热情，足够多的热情，能让我感到恐惧。

丽森有一样东西，是我不惜一切代价都想得到的。我真的记不住那是什么了，不过，有可能是一套房子，对，那是一套房子，是我想弄来给我的小儿子的。他总是什么都缺；他和他的那只雌老鼠还有他的老鼠崽子住在一个老鼠洞里，太没本事自己解决自己的问题了。此外，他现在还忙着自己的功课，因为他是上第二轮的课程，一个十七岁的小子——他是从来长不大的，这你会注意到，就算他腰围变粗了，头发了变白了，也照样长不大。一切都是靠我。在这个家里我就是天意了。我的大作总是要对我提出新的要求。而且也总是我要承担风险——承受打击。

丽森的老母亲有一套房子，可能有一天会成为我们的房子，我的意思是说，小儿子的房子。她已经早就答应过我了。我们只要等这个老太婆归天就行了。我当然着急得像是热锅上的蚂蚁；当然我想要看看那套房子，但是我知道我必须忍耐，克制我自己。如果我找什么理由钻进去看看，吓坏了丽森的妈妈，那丽森绝对不会原谅我的。这个陷阱已经布置好了。这块奶酪已经在它的表面上闪烁着肥油滴的光泽。那气味是我无法抵抗的。而且我也知道**蔑视**会要求我做什么。有一天，我就站在了那套房子的门厅里了，还对自己的不期而至拼命地做些解释。老太婆是吓坏了，也不敢拒绝让我进去好好看看房子。我激动得透不过气来了——这就是那套房子啊！我现在当然什么细节都记不得了，但是我可以活生生地想象出它的样子来。你不用穿过那个客厅——当然那是一个会客厅——就可以进入属于私人的部分。从衣帽间里就有一扇门通到一个小走廊，可以进入卧室，卫生间，还有厨房。而他的卧室，我的意思是说他们的卧室，简直舒适至极了，缺少的就是白色的刺绣了。床当然也应该搬到我愿意放置的那些位置上去。客厅呢，那里应该有一对小沙发，还有一张小桌子，能放置正宗的杂志，而这里当然还通向另一个方向，进入两个房间，一个是让人流连忘返的会客室，来客可以在这里瞥见其中的陈设，而另一房间是上门来做正骨推拿的按摩师给人治病的完美场所，能让你充满期待。在这里他可以矫正这个社会的弯曲的脊梁，还能把最难治的病人的心脏也恢复正常。我不需要再看什么了。老太婆告别时朝我伸出手，但因为抖得厉害都没有找到我的手。我明白，这个陷阱又把我给捕捉住了。

丽森再也不想看到我了。我去找过她想解释解释——她全都误解了啊！但是她不愿意听我说一个字。当我成功地在楼梯上拦住她不情愿停下的外套的时候，她都不在那里了——我拉住的就是一只空空的袖子。而且整件上衣都有着蔑视的气味。

我把一切都给毁掉了。人人都对我感到恼火,最恼火的就是我的两个儿子,我想是这样的。我就像是被钉上了耻辱柱,被万人唾骂。就好像是我自找没趣。就好像我自己希望这种样子。

我只想死了算了。只想消失不见。为什么我得了那种肺炎或流感，或者我现在得的什么病，还不让我一命呜呼呢？为什么他们要塞给我大量陈旧的抗菌素，还拿出那些稀奇古怪的理由，而这些理由和我们**不会**死亡的说法又是对不上号的。

我感觉到他们的永生不朽。这一点我在我周围的这些地方到处能看见。为什么他们要不惜一切代价来为我们治疗，让我们活在没有穷尽而又困惑的衰老之中？

从这里的年老一点的人那边，你自己也能听到他们会发出什么声音。从隔壁房间里传来的声音实在像是海上大雾中的轮船发出的**雾号**——她的吼叫声之间正好间隔十秒钟。而她自己并不知道这一点，而这也并不折磨她同房间的病友；这个病友只有一对空空的眼窝，还有一副鸟喙一样的嘴不停地张着要吃食物。这也是这幅图画的一部分，说明人已经完全失去了对时间的把握——就像那个已经干瘪了的女教师，或者也许是那个女执事，在各个走廊里转悠着追赶她称为男人的猎物；她要在今天晚上就把自己丢失的所有青春年华都活上一遍，还说这是她得到**天意**承诺的。

她们愿意把我放在同样的老年痴呆症里疗养着。我的儿子们都不再认识我了。其中一个儿子又责骂我"重新抽风疑神疑鬼"——"事实上根本没有任何人来抓你！"那时候简直把我吓得半死！

我不明白他在说什么。我从来就没有疑神疑鬼。但是，让我惊惧的是他看到的事情和我知道的事情之间，或者说和我以为我知道的事情之间，竟然有那么大的差距。当我被剪成一个下巴，在这堆垃圾上热热闹闹转来转去，想抓到什么开胃的东西，或者被剪成一个孤独的舌头，孜孜不倦地呕吐出越来越没有根据的有关那些护理人员和来访者的流言蜚语。我已经搞不明白，我自己成了一幅什么样的漫画，但是我儿子们会看得到，而且会在惊惧和恶心中吓得往后退。而他们会把他们看见的从自己的生活中推开，当然不是故意的，甚至是无意识的，但是我会被他们诅咒，会被永远地驱逐出去。

为什么我不能在身体里还保留着一点价值和尊严的时候就死掉呢？事情开始看起来好像是**天意**和**蔑视**就是一个硬币的两面。

对我来说，重要的事情是我总是能够控制我的死亡，能够尝尝它的味道，从中还能获得力量，然后把它放回到架子的最高一层。是我自己，而不是别人，能对我的死亡做出决定。当我自己的死亡被人盗窃，然后，在我绝望地要讨回本来属于我的东西的时候，我还会遇到困惑惊奇的脸色，或许还是觉得很好玩的不能理解的样子，我难以想象还有什么样的事情比这更让人感到耻辱。

我不能理解的事情，是你们把我的死亡拿去干什么。不过，有可能是我问的问题不对。要知道人们是很愿意从这样的前提出发的，就是说，在这个只有上帝才知道已经衍生了多久的自以为是、思想复杂、人人以为自己知道得更多更好的混乱网络里面，总有着某种意图，某种目的，或者说计划性。但是，你并不能肯定，里面有一个人或者几个人能够做决定。相反，要是你相信有什么人能够看到一切，那你就太天真了。等到这个网络发展到足够复杂的时候，它就会开始自说自话了。它会变成一股外人不可决定的力量，它知道所有关于我们的事情，对什么大大小小的事情都能做决定，但是它还没有什么特别的目的，不管怎么样，不是我们能知道的目的。就眼下来看，这种扩散着的权力还不知道怎么样对我们好一点。它也在等待着来自我们这方面的全部的信任。

我怀疑的是，就在所有这一切事情中间，**天意**其实是依赖我们的。就好像我们的无权无势正构成了它的力量的一部分。就好像我们的无依无靠状态正好就是它的营养。就好像它也不能没有我，否则它也付不起这个代价。

事实上，不论是什么情况，我都不在乎。我就想死，完事。其他什么都别说了。但我不要像这里的其他人那样去死，躺在那里窃窃私语地说着那些等待某一个墓地位置的无穷无尽的长队，他们排的队加了一倍又一倍，而那个不断变大越来越大的丧葬管理局，或者正式地称呼肯定叫做什么处理委员会的机构，同时还在做进一步的调查。我们所有人的内心深处都知道，"康复"这个词其实意味着什么，尽管我们对工作人员的承诺和保险都感激涕零地点头赞许，还要奉承讨好。就是通过这样的窃窃私语，我知道这里的另一个风湿症病人，我想她叫做古恩吧，她在黑市上买到了一块墓地，拿到了证书。让这里的其他人都羡慕得要死。显然，这让她花掉了自己的全部财产，可以说倾其所有，但是不管怎么说，她能入土为安了，用不着害怕在**天意**的太平间大都会里一直拖延着等待，据说这种结了冰的大都市连迁徙的候鸟也会绕开而不愿意停留。

自然，对我们知道的事情我们不能透露出一点风声。要是透露了，你就会立刻听到这样的说法：——可是，最亲爱的小艾琳啊，我们的小老太婆啊，你怎么会有这么愚蠢的想法呀？你要一块墓地有什么用呢？你当然要继续留在我们这个美好的大家庭里，跟我们在一起啊。立刻把你这些愚蠢的想法抛开吧！你当然是我们这里的小姑娘。还有啊，要是那些讨厌的想法又回来的话，你可要立即给值班的大姐打电话。

不对啊，我要一块墓地干什么啊？我什么墓地都不需要。一块这样的土地，只会强迫儿子们每个星期日都到那里去，还会让他们受着焦虑的折磨，还会感到恶心。我最愿意的事情，就是撒掉算了。我的身体火化烧成灰之后，还没有在风中撒掉的部分，应该撒掉——这就是我最后的愿望。但是不要撒在大自然里，尤其是不要撒在大海里；我对湖啊海啊的从来就受不了。有一个记忆园地对我是最合适了。在那里把我撒掉就行了，无名无姓，同时还受有一点委屈，而我剩下的部分，能够永远带着我那些烧焦了的故事，说给那些还剩在木板箱里的那些老太婆们听。这样一个失忆的花园对我最合适不过了。

还说什么"我们美好的大家庭"。多么虔诚的说法！

他们没完没了地说什么集体，什么共同体，以至于你最好不得不问问**这集体**到底是什么。归根结底，我们每个人在**天意**那里都是孤独的。难道它不是和随便哪个母亲一样，总是让一个孩子和另一个孩子斗？当你膝盖上本来坐着一个婴儿的时候，另一个婴儿也要爬上来，那不就是一个争风吃醋的情敌，也许正是你最宠爱的女儿吗？对于**天意**来说，肯定有必要正在它布道宣讲什么"我们大家在一起"之中，又要很清醒地和我们每个人都保持单独的分开的关系。而我们还会感激涕零：我当然愿意独自坐在那个巨大而柔软的膝盖上，而它的胳膊也只搂住我一个人。

但是，要是没有这种关怀，你就再也过不下去了。过去你也许还可以带点刻薄地提个问题：可以不可以在你的怀抱之外生活啊？而现在呢，这个问题在任何情况下听起来都会这样了：我怎么敢在你的怀抱之外生活啊？

我想，我实在是低估了**天意**了。**天意**能够那么深入到我们的内心深处，远远超过我原来想象的程度。谁敢想过一种没有天意的日子呢？

但我愿意死了算了。我只想在我死后还能留下一点什么东西。我想给我公寓里的所有生活用品做一个很详细的目录，然后把它们全都分给儿子们，这样他们中间就不会有人感觉受了欺负。要是我走了，会让他们反目成仇，这种想法我是受不了的。只不过要把东西分配得完全公平合理,那真是难得要死。同时,我又必须给那个小的多一点补偿,因为他毕竟来到这个世界比较晚。让事情更糟糕的是我根本不知道我到底有什么东西。我只知道,我可收留了一大堆东西,因为我什么都舍不得扔掉。人们的家里都有什么东西呢?我写下来了,把银餐具给一个儿子,把钢琴给另一个儿子——那架坏了的钢琴当然还在吧?要不然可以把这个勾销掉。其实也只有银餐具可以给小儿子。我肯定还有一点家具,那种可以显示我还是成功了的家具,可以证明我们还是回来了。有光泽的桃花心木家具,丰满厚实的绒布,地毯虽然不是真羊毛但看起来几乎可以以假乱真,这些家具外表上真是很像样子的,但在我儿子们的眼里当然是很不值钱的——这些东西全都可以送到城里的旧货拍卖行去。不行啦,我这该死的脑子什么都记不住,不记得我有什么东西了。唯一能记得住的就是一幅画,有斯科纳郡的风景——这幅画是他们不能小看的;那些颜色就能把你给镇住了。谁最脸皮厚,好意思说出来,谁就可以把这幅画拿走。还有,在客厅里的那个柜子上,我还有什么样的装饰品吧?我不是还有一个银茶筛子吗?

要分的东西太微不足道了,那儿子们也就只好忍受。他们其实已经预支了我的遗产了。我已经给了他们那么多贴补了，一会儿这里给一点，一会儿那里给一点。我在彩票和赌博上花了点钱，这是不用他们来抱怨我的。这是我的必要的投资，为的是弄大钱回家，那也是儿子们很乐意看到的大钱。不，我当然不需要因为我的窝很穷很破缺少俗世的财富而指责我自己。为了死后能给孩子们留下真正的家产，我尽了最大的力量，我觉得我已经成功了。

我的儿子们应该看到，我们就是我的真正财富。但是我也愿意同时留下点别的东西，这些东西能让**我**留下来。不过不要什么放在柜子上的那种照相，那种照相放上了就没人再去看了。我要留下的是真正的图片，能让儿子们带在心里的，是不能销毁的，是可以让我在他们的心里继续活下去的图片。

我想我一直能够成功地在他们身上打下我的烙印，但我也担心，这会是那种错误的烙印。我努力尝试帮助他们搞清楚，他们的父亲到底是个什么样的人，但这种努力显然留下了欠考虑的烙印，这烙印属于一个……她叫什么名字来着，那个被遗弃的老婆，满头卷发会嘶嘶作响的，而且舌头长得到处都是，无处不在？而我的种种努力就是要把他们抚养成纯正体面的公民，能有足够的良心不安——这样一种良心不安，本身就是一种发动机，能让你在这个世界上出人头地——这样的种种努力，看来给儿子们留下一种记忆，好像他们的母亲就是一个流血的烈士，还给他们留下了那样的负疚感，都不敢抬头正面对着我，不敢直视我的眼睛。我想把我们带回到人们还看得起的地位，这种努力也有类似情形——在儿子们的眼睛里看来，是我拿他们做了交易，把他们给出卖了。其实，要说出卖了什么的话，那其实就是出卖了我自己——我刚才不是已经告诉你了吗，我为了小儿子的缘故，我把我拥有的唯一的像是友谊的关系都出卖了。儿子们真的完全误解了我的一片苦心。他们的"母亲"，和我真的一点关系都没有。

真的，他们真不明白，我努力给他们留下的是一笔什么样的财富。

也可以这么想，在这个家庭里有一个盗用公款的人，更准确地说就是一个诈骗犯。不过这不是我。别的我就不用多说了。我能在嘴唇上感觉到，能在空洞的后脑勺里感觉到，今天晚上我已经说得太多了。

是的，我确实是说得太多了。有些话我一定得收回。不是因为我想隐瞒什么，而是在这样一个很特别的场合，我急于表白我自己，可能就走得太远了。我身上有那么一块或两块地方大胆了一点，超出了我的记忆残余可以担保的程度。

我可能对你说过，我的两个儿子从来没来过这里。在某种意义上这是真的。有那么一两次他们确实找到这里来过，还坐了一会儿——但是他们不看着我！我的最烂的记忆实际上就是我儿子们最后这次的探视。他们在这里的时候其实他们根本就没在这里。

如果你有点不相信，我也可以理解。探视？在如今这种日子里？到这里来的人基本上都是子女辈的，或者孙辈的，来看他们的父母，或者祖父母。他们大概也会到我的房间里来，像盲人那样用手指在我脸上摸索，希望能认出来这是他们失去的什么东西。也许还会把我的说话声录下来以后进一步研究。但是大多数人还是会忘了，他们其实都有过父母。我的儿子怎么会找到这里来呢，或者还想到过要找一找？你是这个意思吗？

原则上你当然是对的，不过就这件事来说你错了。他们确实来过这里。你可以在这里看到。等一下，我的手提包里有所有那些东西。瞧这里，这个记账本里，你能看到我给他们两个人各开过一张支票：艾利克·科尔维尔和列纳特·科尔维尔，日期什么的都清清楚楚。是啊，在这个账本我当然只写了他们的名字。我怎么搞不懂呢。应该是在最后这两行的。我一定是忘了记账了。我总是很恼火，没有把我给他们的每一样东西都记账记下来。或许是记下来的字刚才还在那里，但是我们的眼睛盯着看的时候它们就会散开不见了。我不知道。不管怎么样，我其实也不需要证明。我有我的伤口，它会告诉我他们来过。又没在这里。

有一天，一个你想不到的日子，他们来了，两个人都来了。很明显两个人是商量好了一起来的。那些小心翼翼的步子是听着义务和习俗的口令的——但是两个孩子反正是来了！当然是被钱的好闻的气味吸引过来的，但不管怎么样：他们找到了这里。他们带来了花，还带了补税的单子，数字比过去要大了好多倍。但是他们不记得了吗，即使这表示圣诞月可以连过十二个月，我也讨厌风信子花。风信子的意思就是葬礼：一个小小的又白又冷的小女孩躺在新做的棺材里，棺材是放在两张椅子上的，窗子上罩着一块床单，所有的东西上面都有风信子的让人窒息的味道。他们应该记得我害怕什么。当然，我会帮他们补交这些税。不帮他们我还能怎么样呢？

有一个儿子还把他的小女儿带来了，她还戴着露西亚节的仙女金冠，还有藏红花香料做的小面包和所有过节的东西。他真的有女儿吗？还是他在路上钓鱼一样钓来的孩子，为的是给我更强烈的印象，帮助他对我的越来越缩水的银行账户提出诉求？照道理看，他已经不会找到回他自己家的路了。回不回其实是一码事。不管怎么说，这女孩子长得很甜，头发又长又亮，唱起歌来就像一个小天使一样。

——"你来的时候，他们肯定在走廊里看到你了吧？所以他们也知道了，今年有多漂亮的露西亚仙女来看我。这下子他们真的会注意到了，还是有人来看望她艾琳的，来看的就是她。"

两个儿子是努力穿过那些空纸箱、腐烂的柑橘皮、发臭的尿布、成堆的脏纸盘子和拧成团的塑料袋，好不容易才走到我床边的：——真见鬼了，这就是你过的日子啊！你就能受得了？你毕竟还是……

他把那辆坏掉的超市购货车推到更远的地方，推到垃圾堆里。

我要对付的是什么呢？我毕竟还是什么人呢？

他们就这样，每人都从垃圾堆里弄了一把椅子，在我的床两边坐着。格丽约特妈妈，一个儿子说道，也就是膝盖上坐着露西亚仙女的这一个，带着温柔而同时又是自我嘲讽的口吻。我现在已经不记得那个故事了，但是我能想到，这是有关一个年迈的母亲的故事，她被她自己的儿子们宰割了，都是长大了的男孩子，他们做生意都做得很不好，还欠缴了很多税，开的汽车也总是出毛病，还有很多坏习惯是不负责任的，现在就像拿走她最后的那点钱。

他们也算来过这里，还带来了该死的风信子花，在我还没来得及阻止我那一连串的症状发作的时候，就偷偷看他们自己的手表。他们是穿着自己最破烂的西服到这里来的，这样就可以让人注意到，他们总算还没怎么发胖。这些西服坐在这里微微前倾，好像很专心致志，只是随着时间一分钟一分钟过去而有点下垂而已。但是他们的眼睛谨慎小心地看穿我，好像我这个人就是什么人偶然放的屁,是可以很快穿过去的。而他们是共谋着到这里来的——如果他们两个人都坐在这里,那就不给我机会和其中的一个单独说话。虽然,在这里,在他们两人中间,也没有什么人可以说话。他们两个人就那么沉重地坐在我的床的两边,但看起来就好像没有人躺在这张床上。我可以在这个房间里听见他们的声音,但声音又是来自很远很远的地方。

诅咒!

难道最终还是她,我的母亲,说对了吗?不,我不能让她根据她的想法来解释这里的情况。我的儿子们是不会把我赶走的,不会把我赶到乡下去,赶到所谓的亲戚们那里去。他们坐在我这里,事实上就是我真正的儿子,还问我今天身体怎么样了,爱情有什么进展了。他们从我身边滑过的目光,还有冷淡而心不在焉的样子,明显说明我在他们生活的世界里已经无关紧要了。但是儿子们还是把脸转向我。他们还没有把我驱逐出他们的生活;他们只是太绝望了,难以看到我的存在。

在我们之间的距离还不到一米,几乎不到,他们说话的样子就是我教他们说话的样子,在自己都不注意的情况下会有点笨拙地动来动去,而同时目的又很清楚,好像他们准备要修复这种损害到了家庭的**伤痕**。孩子们出自我的身体，每个外人都必须用这个想法来驱除掉。而他们依然需要我，尽管眼下他们看不到这一点。但是我这里有的是时间；他们会慢慢明白，我具有什么价值。**高老妈**？我比她还更有价值。我可不只是那种不声不吭就看着人家来抢劫我的那种人。我会奋斗到底，就为了要让孩子们在这个世界上出人头地。我刚才没有告诉你吗，我有过一个梦，我在梦里就是一条海豹，挣扎着爬过了无边无沿的冰海。我要出去勘测地形，侦察情况，要帮助我的儿子们进入这个曾经拒绝我们的世界。这个梦本身要说明的是什么，就是我不顾一切要出人头地，要让我们都出人头地。如果说我最后只剩下了一两个牙齿，还有几个指甲，那也足够让我继续下去。

他们得到的每一次成功，就是我的一次成功。我这里有一张关于我大儿子的调查工作的剪报。据说那是一项令人注目的工作，能提供一种看我们这个社会的新的出人意料的角度。我也许不管怎么样应该好好看看这张剪报。而且我这里还有另外一份剪报，上面还有一张小儿子在什么代表大会上的照片。在边上我还写了："为什么人家要来祝贺我？"对了，我当然明白人家为什么来祝贺我。但是我喜欢听别人来说明这里面的道理。我愿意看到人家围着我的作品转。同时，这张照片还会让我的心跳加快，心都紧缩起来。他居然有这个勇气,去参加什么代表大会!你想想吧,要是他连回来的路都找不到怎么办!

有的时候,我事实上相信,我的儿子们一直是干得相当不错的。如果他们还有年底需要补交的税,那意味他们的收入比他们期望的还多。而且额外收入他们也都花费掉了——这说明他们的生活是在很体面很惬意的水平上,尽管穿的西服有点破旧,好像是要讨好人一样。要说他们没攒什么钱补交税,这是让人恼火的,但是我可从来没教他们做小气鬼,一毛不拔。在这方面,我也许算是一个不好的典范。我对人总是过于慷慨大方,而他们多少学了我的样子,大手大脚。我只希望他们的慷慨大方,在一个上了年纪的妈妈这里也有用武之地。

但是,看来我最终还是能把他们推上一个好的地位,时不时还能出名而又有很体面的收入。我的生活不管怎么说不算是失败的。即使我自己落到了一个垃圾堆里,我还是把他们送到了天堂的这个或那个圈子里。就算是现在他们还不明白该感谢谁,总有一天他们会明白的。

不用说,我的母亲和这些毫无关系。我的儿子们毕竟还来看我,还带了花来,就算那些花是我不喜欢的风信子花也无所谓的。而且,他们的眼睛总是不看我,这也总有特殊的原因吧。事情很清楚,儿子们必须目光远大,因为他们每时每刻都要记住他们自己叫什么名字，要记住他们自己是不是已经结婚了，至少能记住还有一辆汽车停放在什么停车场里。他们会合伙干什么事情，这当然让我很害怕，但是他们同时到我这里来，并不一定说明什么。很有可能，这是因为税务局寄出补交税单子的第一个周末。而且他们已经有一段时间没来看我也是可以有原因的。人人都知道，在记忆不够用的时候要和最亲密的亲友保持联络是多难，现在记忆只够差不多一个忘记关闭的手电筒电池能用的那么长的时间。

我也不会认真地相信，迈克尔的诅咒会说中。我无法想象，儿子们现在会比小时候更理解他。我不是一而再、再而三地给儿子们讲过，也让他们明白，他们的父亲到底是什么样的人。不，江山易改本性难移，要改也不是那么容易的。

此外，他们也依靠我啊。他们从父亲那里一个子儿都拿不到。这会让我感到坚强：我只希望，我担的责任可以不那么重就行了。

如果他们能通过考试就好啦！我都不知道他们留级了多少次了，最后那个年级的课学了又学。这情况开始变得越来越让人难堪了。两个人自己都有了很大的孩子，头发也开始稀疏了，身体也开始发胖了。他们怎么能够一边上课还一边照顾好自己的工作,这对我真是一个谜。但是他们从来就没有高中毕业。我还得继续照顾他们。只要他们还没有成人,他们就得完全依赖我过日子。

他们无论如何还得找到这里来。我会让他们明白。不过他们的来访还是让我伤心。

译注:

此处的"高老妈"(Mamma Goriot)是借用巴尔扎克小说《高老头》(瑞典语 Pappa Goriot,法语原著 Le Père Goriot),该小说描写高老头为培养两个女儿付出一切代价但穷困而死时一个女儿都不在身边陪伴。

是呀，要是他们还没有失去全部的嗅觉，那我可能应该让他们重新找到这里来。我有自己的办法来保证做到这件事情。

该死的就是我自己都没法去那里。我很愿意把我填好的足球彩票交了，把钱也交给那个买彩票的糖果店里的小姑娘，还不能让这里的工作人员知道。现在我可以请一个护理员帮我把封好的信封送过去，我只要塞给她一点巧克力算是犒劳她就行了，不过我没法保证她不会在那个糖果店外面磨蹭，出于好奇而想知道我下了多少钱的注。也许我可以派两个互不相干的护理员去，给她们每人一点钱，叫他们不要对别人说，不过那样我就没法用我的那个彩票号码组合了。也许我能用两种不同的号码组合，可我的退休金就不够用了。人不得不这样与世隔绝真是该死！

只要不让我的儿子们知道就行。起码在我中奖之前不能让他知道。也不能让他们知道我给工作人员的小钱，这其实也是一种下注。我必须把所有发票都留着，这样我就能给他们看看，我把多少钱用在营养品和自然药物上，还有房租和电话费，还有为死去的同事买花而捐的钱，尽管他们自然知道，我再也没法和什么老朋友保持联系了。更别说还有这么多年我偷偷地塞给两个儿子们的钱，一会儿给这个，一会儿给那个，交换条件是他们得保证对谁都不说，只有我和他之间知道。我要是把这些钱都记账记下来就好了！

当你把生命的很大部分都投入，而一切都变得可能的时候，对这种令人陶醉的时刻，我的儿子们能懂什么？他们哪里会知道那种让人心旷神怡的感觉，因为很快地，非常快地，你就能完全控制你的生活了，你敢正视你的一切问题，有条件得到任何的保障，得到所有的良药。

我总是输——不管是足球彩票，还是六合彩，或者随便什么博彩——这当然足以让我痛心。不仅如此，还要加上这种情况下的失败我得保守秘密。我也无法让别人来帮我，给我的伤口贴上止痛的膏药。儿子们更是什么都不明白。还有康复收容所这里的姑娘们我也必须防着，不能让她们知道。尽管她们每天都换新人，可是在休息室一起喝咖啡的全部时间里，她们还来得及拼凑出一点真相。

不过，这里的工作人员肯定也已经习惯了，知道会有很多钱用到赌博上。这种事情并不只有我一个。老天爷，如果不是有什么撞大运的事情发生，那整个**天意**是在忙些什么呢？给我们的诊断本身不就已经是博彩吗？这我还不仅仅是指这个医生昨天还可能是个水管工，前天可能还是个学校老师。不，不仅仅如此，我指的还是弄不好坐在我们病床边上的就是一个大学生或者实习医生，就是说，这里的直接的管事部门能放她走到这么远的地方，那样的话诊断就完全是撞大运的冒险了。这个可怜虫实际上什么也不知道，也不懂这些症状，不敢说一个完整的句子，但是又不得不弄出什么结果，为的是维护她自己的权威性。而且她对你可是一片好心啊。我对她完全理解——当然，有的时候也是一个小伙子——但是在任何条件下我都不愿意让他们做手术。就算我运气好，能给我一个下午的手术时间我也不干——就是说，这些人在上午的手术中还来得及学习到一点这门手艺，知道怎么割开，怎么缝上。

也就是说，医院本身就是一种撞大运的冒险。政府在这个县或那个县里下注投资建立一个大医院，因为这个县或那个县一直觉得政府关照不够，他们还希望这医院能及时盖好，甚至投入使用，而别等到组织者和这个项目失去联系，资金开始往另外的方向流失。我有一种很明确的感觉,这里或那里都会有一些空荡荡没人用的鬼医院,有的只盖了一半的,说话都有回声,有的是迷失方向而又激进的年轻人占领了。和处于中心的决策者的唯一联系纽带是他们的预算里的支出账目上几行不可解释的文字。

所有这些当然也是蔑视的一小部分。我无法确切地说明天意和蔑视是怎么会纠结在一起的,但是那些医院的废墟其实是这里面的垃圾的亲戚,有相同的麻木不仁视而不见的气味透过这两个系统。我只是搞不明白,他们有什么关联。

所有那些官方允许的公开博彩两个儿子当然都知道。**那**是他们接受的。但是**我的**微不足道的小赌小博,他们是连一点都不理解。他们有了自己的女人,自己的孩子,如果他们还有点脑子,那么他们晚上还能找到回家的路,但是我除了这里就再也没有什么东西了。我不顾一切下赌注的时候,那种令人陶醉的美好感觉,还有收音机里广播彩票结果的时候,或者登着中奖号码的报纸送来的时候,那种激动人心的气氛——那就是**我的**欢乐时光。那就是**我的**生活,**我的**婚姻。这是我的儿子们应该理解的。

我不要求他们明白的是,当我不惜血本投入了一切,其实也已经知道我会输掉的时候,我还是会有更加强烈的陶醉感。这点我以为**天意**是应该明白的。

但是,因为我的赌博,真正把我当作批判对象的,是医院里的那个牧师，是的，也就是今天才当上的牧师；昨天他可能还是国安部的警察，或者是税务部稽查员，我怎么知道？不管怎么样，今天他披上了牧师的长袍，不仅得到了新的牧师身价，还得到了和智慧有点相像的东西，最起码是变得冷酷无情。他知道我的这点小毛病。肯定是电脑向他散布了什么谣言——他当然要追究所有的罪行，那样他就能拐弯抹角地把他的上帝悄悄带进来了。他来找我面谈的时候，脸上似乎带着一点点笑容，但同时又很不客气很烦人，好像一个阎王殿里的门神，数落我赌博输掉的那些大数目。他说，你会倾家荡产的，变得一文不名，没有朋友，没有亲人，一切都会输光，甚至连阳光、青草和能站脚的一块土地都会输掉。将来等着我的就是一张空空荡荡的房间一张磨损的铁床；甚至连这都不够现实，否则还能得到一点点同情。为什么不把钱花在上帝身上呢？你不信上帝，我知道。可是，你就当他不管怎么样存在，你把钱花在这上头。这是唯一的你绝对不会输掉的赌局。要是你下注下错了呢——可**我**知道你是不会下注下错的——就是错了你也不会输掉一分钱，不会的，连你的灵魂你都不会输掉。如果你赢了呢——那你就有了保障，还得到了无限的爱，比你虚荣地追求的彩票中奖的钱能买到的任何爱都要大得多的爱。

我当然把这黑袍的家伙给嘘走了。不，也许不能直接说嘘吧——我毕竟还得和这种危险的机构和平共处——但是我闭口不说话，我让他没法接近我的内心，咬紧牙关像铁打的一样沉默，逼得他走开。他说的那一套什么更大的安全保障，他自己就什么都不懂。他根本就不懂得输其实也很有诱惑力，不懂得陷阱的可爱之处，不懂得人是多么愿意被钉在一无所有的地方。

但是我担心，天意是完全明白的，太明白了。我开始悟到了，天意对我的一切都了如指掌，能预见到我的每一个想法，每一笔赌注。就好像你今天晚上对我的询问不是天意需要的什么事情，但是他觉得我需要。你们跟我玩的是什么残酷的游戏！

是的，我是一个赌徒，还有一个赌徒会有的全部的迷信，但我不是什么信教的！让人痛苦的就是还有人认为我不仅仅是赌徒，还有别的问题。有关这件事我还有一份文件。也许我已经告诉过你了，有很多文件我是不敢保存下来的。大多数文件让我感到痛苦，只有一把火烧掉才能减轻，或者至少给我几分钟的轻松。可我还是把这些文件里最让人痛苦的保留下来了。等一下，我肯定是装在这个信封里的。对，就是这张。你不会说你早已经有一份复印件了吧！你看，这不过是一张报纸上的小启事，但是对于我来说，这种小纸片是很早以前死神就伸过来掐住我喉咙的手。这是还有报纸的那个时候一篇来自 AP 的小文章，不对，还不是什么文章，只不过是几行字，说的是美国那边的研究显示，赌博上瘾的赌鬼，其实是喝酒上瘾的酒鬼的一种形式。

每天，每个时辰，我都要防备我的父亲，防备他的地狱一样的对遗忘和新的侮辱的饥渴。光是那种满嘴的酒气就让我僵硬起来了。而且他总是从我背后悄悄过来，不让我注意到，而且没让我有任何知觉，就让我也变成了他。

起先，我也拒绝相信这条小小的启事里写的话。报上总是写很多东西，科学这么说，科学那么说。要是你不吃所有他们警告你别吃的东西，那你就很快会饿死。但是总有一天，我会明白，在我填足球彩票时的陶醉，还有酒醉后那种不舒服的感觉，还有我看那些中奖号码的时候手总是发抖，这都不仅是我的问题，其实也是我父亲的问题。肯定就是那个时候，才会有这样的字写下来，而且还是我自己的笔迹，写在这张报纸启事的边上："他一直都在这里！"

译注：

此处"阎王殿的门神"原文是"Döderhultarfigur"，一个瑞典民间雕塑家阿克塞尔·派德森（Axel Petersson，1868-1925）的著名木雕。

是不是我也糟蹋了自己的生活，就像我父亲一样？是不是我也像他那样一步一步地走向了毁灭，因为蔑视对我就是这样要求的，它让我一点一点地落入那些对我耸肩膀嗤之以鼻的人愿意看到的下场？甚至就是我自己把所有这些臭味和垃圾弄到我身上，因为我不能自立，就完全缺少我自己的本质？是不是从根本上说，我自己是我的不幸的推动力，自己还毫不知觉？

尽管我那么孤独，好像诅咒已经真的把我击倒，但是我无论如何还没有完全退场。还没有什么事情到了为时已晚不可收拾的地步。我的孩子们实际上还没有把我完全排斥在外。此外，对我父亲的充满劣质酒气里的嘴里发出的谴责，对我母亲为了争吵而发出的诅咒，甚至我的前夫自以为是的算命预言，他们哪里还会在乎呢？我几乎不相信他们还听说过那些预言。谁会告诉他们呢？**我**当然一直很小心。我必须抵制这个陷阱。不，唯一可能的危险是，那些在我头顶上聒噪的不吉利的乌鸦，它们在我身上看到了我自己都没有意识到的东西——而我的儿子们也看到了同样的东西。不过，如果是那样的话，看在老天爷的份上，那到底是什么呢？

他们一个一个地离开了我，或者是他们把我推开，你愿意怎么说就怎么说吧。我自己都不明白是为什么。当我像狗一样到处嗅着闻着想找到什么解释的时候，我唯一能发现的就是一股无法确定的、背叛你的臭气。归根结底，并不全都是我的错。

最强烈的是当我想到大儿子时我会有的那种感觉。他肯定是最愿意承认我母亲说得对的人。当他有时想造反而且想入非非的时候，他都不愿意具有一点点和我同样的基因。要是被迫用滑稽可笑的话来说，他就是一个外面捡来的孩子！是的，确实如此，我能听见他在很远的地方就那么说话。这样的话真是伤人！但他自始至终是我的儿子。生他的时候的疼痛依然还能在我身体里发作。

但是，让我最痛心的是我这儿子可能是一个诈骗犯。是的，整个晚上我都咬着牙不想说这件事情，但是最好还是让你知道每件事。我也是最近才料想到这件事的前因后果的。他不久前还来过这里，带来了一些要我签字的文件——他现在照管我的财务，就是还剩下的那点钱。我的意思是说，所以他来过这里几次。我已经不记得那是什么文件了；我从来不知道我签字的是什么东西。不管怎么样，我不敢拒绝，无论如何不敢事先拒绝。现在我几乎可以肯定他滥用这些文件。拦住他的唯一办法就是把这件事情告诉尽量多的人，告诉大家他想干什么，那么真发生什么事的时候大家就有所准备。他们都觉得这件事有些讨厌。你自己的儿子怎么可以这样来利用你！在我给你看的这张家庭照片上，你已经可以看到，背叛已经要进入他心里了。你可以在这张照片的下方看到他的胳膊，你看他怎么摸索着要掐我的腿。

我想这个小儿子也在背叛我，不过有他的方式。尽管我几乎还没剪断他的脐带，他就已经和我拉开临床的距离了。那么看着我，就好像他在做一个诊断。不过，要是他也……那我真的就撑不下去了。我就一直闭上眼睛，当作我没看见吧。不管怎么样，我总得有什么人在身边可以诉诉苦。对他来说，我得自卫，得抵抗这种落到我头上的黑色的锐利目光，得抵抗这种挖苦人的洞察力，那里面一切突然都对得上了，所有那些在周围飘来飘去的碎片都能联系在一起了，一切也都变得可以理解了。

他滥用的当然是我的全权委托，也就是那个大儿子！这是唯一的解释，能说明为什么他的女孩子可以悄悄地就钻进了我的公寓。还把这套房子给霸占了，如今的年轻人就是那么干的。说起来自然是她和我分享这套房子。是，真要谢天谢地了！我可从来没有同意过。我的儿子肯定是骗了我。也许他是乘虚而入，在我很累而且没精神的时候来求我，反正我不记得了。我当然也有我自己很动感情的时刻。不过，至少现在我不要动感情。那样的话，还是把房子退给房东更好。其实我也不会再搬回家了。

那个该死的什么露西亚小姑娘别想得到我的公寓。是的，是的，我当然知道那套房子空在那里好多年了，可能还会拖很多时间我才能回去。但那也不能让她住！那还不如让房东成功，用什么诡计把房子收回去呢。反正你也没法和房东对着干；他本人就是魔鬼，能在六个手指头上玩弄法律。他们怎么还以为他们能在租房管理处跟房东打赢这场官司呢？我从来没有这么害怕过什么人。他能读出我的心事，就好像我是什么老掉牙的爱情小说，他用手指尖蘸着口水翻看着，毫不困难地就能够找到我最软弱的那几页。很明显，这个房东魔鬼当然愿意收回我的房子，是我还有权处理的其实没几个平方米的现实。

要是小儿子就不一样了。我一直把这个小可怜保护在我的翅膀下面，护着的时间太长了，以致于他自己几乎不能走路。他自己照顾不了自己，他也没钱付自己的住房，甚至不能一个人独自居住。但是，我一直可以照顾他。而且我很愿意至少下一辈子还继续照顾他。她就相反！我想她最像我妹妹。本来也是格列塔把这个我唯一的真正的崇拜者从我这里抢走，尝了几口感到厌倦了又扔还给我。她什么也别想从我这里得到。她想把我本来就很可怜的避难所也抢走，在这全部的非现实中，我只有这几个平方米的安全地。对了，对了：是要和我分享，是这么说的。然后就想等着我死。但是我什么都不想和她分享，既不想分享男人，也不想分享房子。那还不如让魔鬼把一切都拿走。

  自从我开始看明白了，看到了围绕着我的这些阴谋诡计，这个房间里就变得那么荒凉，那么寒冷。我不得不一直要求他们查看暖气片。而我的那些朋友，当他们为大儿子辩护的时候，我就开始不相信他们了，要是那些辩护也都站不住脚，我也要把账算在他们头上——他们半侧着身子坐在那里，呼吸时就像嘴里冒出一股烟。只要你还让别人诈骗你，那你身边就还会有人的热气儿。然后就又变得冷冰冰了。

  同时，对生存状态的喜剧感就会消失了。对这个世界的痴呆与疯狂的组合，我曾经总是准备好挑衅性的笑声，总是能用目光尖锐的观察在我周围成功地创造出愉快的气氛，现在我也可以说是明显的目光尖锐吧——当我真的开始看的时候，这种愉快气氛和听众却都背叛了我。我注意到了那种情况，你也不时会发笑，既是我开始讲的时候你发笑，我讲了很长时间以后你也发笑。现在你就可以忍住笑了，是吧？再也没有人愿意看着我的眼睛。而我自己现在看得清清楚楚的东西，也不会再让我露出笑容了。

为什么他们全都背叛了我？我拒绝相信，这是什么诅咒的力量，尽管谈到什么六合彩和足球彩票的时候，我从来没有像现在这样迷信过。在他们脑子里的什么地方一定有一种解释，但是我无法找到它。

如果孩子们不再爱我，很可能是因为他们认为我从来没爱过他们。这种情况下，就是一种令人疯狂的误解！我爱他们，远远超过爱这个世界上其他的一切。他们就是没有明白我表示爱的方式。他们要求你说那些赞赏的话，要求你搂着他们拥抱他们——他们愿意你说好听的话，哄着他们，抚摸他们。他们不明白，这样的事情，在我出身的那个社会角落里是少见的，而你生活在流亡中久了，你就丧失了很多本来可能掌握的这种语言。你的舌头就发不出这种甜蜜的声音了，你的手也忘记了那些古老的讨人喜欢的动作。此外，你从一般人那里也能得到缠绵的细语和拥抱。我爱他们是有我自己的特殊方式的。我是把我对雪耻的饥渴感灌输给他们。献给我自己的每一点点爱情我都放弃——就为了他们的缘故。他们不需要和一个陌生人来分享我的爱。我为了他们放弃其他一切。而且不管到什么地方我都把他们推到前面,不论是这里是那里,好像他们就是我的一部分,我真的从来不用为他们感到害羞。不管怎么样我们还会**回来**的。难道我会不爱他们吗?!

是的,我为他们放弃了一切。为了他们,我忍受了所有的羞辱。当然,这让我付出了什么代价,我并不对他们保守秘密——无论如何,他们必须对我给他们的那些东西的价值有所了解。我能感觉到,实际上我给了他们那种负疚感,是他们没有能力直接面对的。他们太懦弱了,所以对付不了落到我们头上的命运。

这两个可怜的男孩子,甚至都不懂,人们利用坏良心也能做什么事情,他们碰巧装在脑子里的全部东西就是我好像做了广告把他们卖了。其实我是**不得不**把他们推到世界的前面,在面对世俗的估价的时候把他们弄得好看一点,用舌头蘸湿了手绢擦掉脸上的一点污迹,或者是摘掉一点草屑,还要把他们的毛衣拉拉平。我必须把他们带进可以看得见的世界,带进那个算得上世界的世界。

但是我从来没有想过要把他们交出去。如果有的时候看起来如此,那也是对我在某个绝望的时刻无意中说的什么话做了一种错误的解释。我毕竟也是个普通人,有那种说错话的时候。

错误其实在于我还不够无情,没有把我自己的正确形象强塞到他们的脑子里。那么就只有上帝才知道他们是怎么看我的。他们可能被那幅漫画吓坏了,搞得他们惊慌失措了。他们能记得住的是否就是一个弃妇,充满复仇的欲望,满嘴都是滑溜的半真半假的胡话?或者是一个有慢性病的烈女,要求他们有负疚感,而他们却没有能力承受?或者是一个偷偷摸摸鬼鬼祟祟的赌徒,甚至把她自己的孩子都拿到当铺去换一点特权好下赌注?是不是这就是他们的母亲?他们不敢在家里收容她,在我们这种时代,这是完全可以理解的。但是,甚至连她留下的伤口他们都难以忍受了。好像他们无意中就把过分的东西都排除在外了。他们自己都不知道,他们已经不再看我了。他们相信,他们就这样把这个母亲从他们的生活里放逐出去了,而且自己还没有注意到。他们坐在我那张空空的床边,一边坐一个,还说枕头今天看上去好看多了。

诅咒!

这一切全都只是一种巨大的误解。而让这种误解发展到这种程度的又是我自己。是我管不住我自己。

我注意到，你对我是越听越感到厌倦，越来越心不在焉了。我能注意到，是因为我的嘴唇也变得僵硬，舌头也感到笨拙不灵了。可我不太可能把你弄得那么疲倦——我也没有纠缠着你说那么长时间啊。也许，原因很简单，我讲的这些话，你觉得快到了头了。我们已经是坐在最后一个章节里了，你的意思是说：在这个房间里。我已经有了一个小窝，一个小小的斗室，就是在这个康复收容所里也算是非常狭窄的，感觉好像这是要告诉你，也是告诉我，结局已经很快要到来了。

你可别以为如此。这间房间实际上是我在医院彩票抽奖时赢来的。此外，我还有很多话没说呢，我其实比你料想的顽强多了。有好多次，我差不多就成了死尸横着抬出医院的大门了——但总是在门房那里又停了下来。我不会那么轻易地放弃。你瞧瞧这张明信片吧，上面有雪中的别墅，还有祝贺我八十四岁生日的话：这些话那么急促毫不喘气，好像是带着祝福一口气跑上楼梯来的，生怕来得太晚。可这张明信片根本没必要那么着急不安。这个老太婆身上还是有点火力的。最让我担忧的其实不是死亡已经不远甚至迫在眉睫，而是以后这二十年我该怎么过。我必须积攒一笔小小的财产——既是为了能吸引孩子们到我这里来，也是为我自己在排队等着火化的名单里买个位置——这也不是我最担忧的事情。机会肯定很快站到我这边来的。不，让我最头痛的不是这些，而是我的牙齿，是这个假牙，还有这个已经松动的牙床。我说话的时候我就活着，而无论如何也是我能吃东西的时候我就活着。现在我已经开始吃也吃得不明不白，说话也口齿不清了。要是人人都不听我说话了，要是对着我的面孔越来越稀少了，要是舌头下面都没有一点点鲜美的味道了——那我就真的活不下去了。没有了牙齿，谁也别想再看到我！

我曾以为死亡就是被连根拔掉，好像我刚才还去过的学校黑板上的字被擦掉。现在我开始想到，结局可能是完全不同的事情。他们骗了我的是那种老式的死亡。现在则是一种密不透风的蔑视牵扯到我，一种最后变得非常庞大的蔑视，以致于我不得不放弃，成为在其他垃圾中间的一块皱巴巴的蔬菜。

但是我还剩下一点抵抗力。对了，我当然会抵抗，除此之外，你难道还会相信其他情况吗？星期一我就能得到牙医的帮助——这里给我去掉一点假牙碎片，那里给我补上一点蛀空的洞；我不想说很多细节来让你厌烦。也许他可以当面解释，即使干这样的工作他也不常在家。可我很害怕交通。我当然还是要坐轮椅的，要把我吊起来才能上得了护送的医院专车，而且要好好固定，这样我才不会轻飘飘地浮起来撞到汽车顶棚上。可我应付不了汽车里的颠簸。我很容易晕车，在长长的坡道上经常不断转弯也会让我呕吐。又不好意思又要呕吐。在我们到医院之前天要是能黑下来那就还好。我害怕呕吐，而最害怕的还是我呕吐的时候有其他人看着我。

我能随便它去就好了。但是牙齿太重要了。那是我的最后的价值所在：能够说话，让人听到我的话，而且能够和所有人一样吃东西，不会变成一张两颊凹陷说话咕噜噜作响的脸，一张不清楚的嘟嘟囔囔的羊皮纸。这最后的一点价值我必须坚持到底。

我有没有告诉你，我的孩子抛弃了我？肯定那些蒸汽把这些话强塞进我嘴里的，就是从我周围的垃圾里冒出来的刺鼻的气体。儿子们最近刚来过。我把老大抓在手里，抓了很久时间，以致于我现在手心里还发热呢。我们从来没有机会说出的所有那些话，有一点点还可以在这里的皮肤和皮肤之间的地方找到。过去他从来没有用手抓住我。尽管我几乎把什么都忘记了，但是这一点我还是可以肯定的。过去我也从来没有把他抓在手里。

我希望，我没有过分地谈论什么背叛。我的意思是唠叨什么孩子们正要欺骗我，上帝知道他们要骗我什么，我其实已经没什么东西剩下了。我被很多怀疑的想法困扰，我想这些想法是和垃圾堆里蒸发出来的气体有关系的。这些地狱的气味让我能清楚地看到一个个画面，清楚得让你感到痛苦，折磨你——这背叛说，这是对很久之前的过去的背叛的一种回应。尽管有蒸汽的飘动，一切都如此确切分明：其中的一个到处打电话，诽谤我，假冒我的名字出卖我的生活，而另一个看着我，就好像我是他的显微镜下面的一个绝对不可信的切片。这是从我身体下面的腐烂物体里冒出来的罪恶想法，或许是来自我的存在之下更深的那些楼层。

不，我不会责怪我周围的这些垃圾。我知道这些怀疑的想法是从哪里来的。最糟糕的那堆垃圾是在我心里。最可怕的图像是刚从我脑子的回旋里升起来的，而它也已经放弃了。蔑视并不允许我及时死去。它要慢慢让我在精神上崩溃。蔑视需要我。我的悲惨就是它的一部分力量。

我必须努力保持我的理解。他毕竟握住过我的手。我还想到，他甚至拍了拍我的脸颊。尽管我的记忆，我的记忆的碎片，并不是为这种类型的图像而制造的。

为什么这种触摸是那么孤独的，这样独一无二的？为什么我从来不能触及到我自己的孩子们，而我不是触及到很多其他的人吗？为什么我的爱拥有的那些唯一的词语也要号召我去复仇？为什么我自己不会拥有语言呢？我总是说呀，说呀，说个不停——为什么我自己没有语言呢？

而现在，当我周围的面孔变得稀疏起来的时候，我的嘴也就闭拢，嘴唇也折皱起来，而我再也说不出话来，再也不能……

我从这一生中到底得到了什么！

如果连你也离开了我，那我嘴里就连一句话都不会剩下了。没人听我说话的时候，我就死了。

实际上我一直都知道这一点：我的末日就是一个没有词的叫喊，一个有点收缩在一起的叫喊。你听不见，因为也没人在听。但是这种叫喊依然还是不停止。最后就没有任何东西了，只剩下一点冷却下来的面孔，一点永远不会停止下来的哑口无声的叫喊。

我真的太累了，突然变得这么讨厌地累。

现在你可以走了。其他人会来照管我的叫喊。

译者后记：从"高老头"到"高老妈"

《蔑视》中的女主角艾琳是一个被丈夫抛弃的女人，也是从小不受父母宠爱反被诅咒的女儿，很小的时候就被赶到乡下去生活，这就是她一生遭受的所谓"蔑视"。为了对抗这种"蔑视"，为了证明自己的生命价值，艾琳把自己全部的爱和金钱，也可以说把全部的一生，都押赌注一样押在自己的两个儿子身上，努力培养他们，给他们虽然没有父亲也同样体面的家庭环境，更希望他们在社会上出人头地，而借此自己可以扬眉吐气。从小说描写的结局来看，艾琳的一生最后是落在收容病残老人的康复收容所里，终日和一堆垃圾为伍，可以说毫无价值，作者别出心裁地用隐喻"失重症"来暗示这种没有价值的状态。也就是说，艾琳的一生其实是失败的，她的梦想并没有实现，甚至在"失忆"的状态中，她都记

不住自己的儿子是否来看望过她。最后她不得不对自己这样发出哀叹："我从这一生中到底得到了什么！"（页153）

艾琳的这种命运和巴尔扎克"人间喜剧"小说系列中的《高老头》有些异曲同工的特点，因此女主角也自嘲自问她自己是否成了"高老妈"（页130）。不同的是高老头一生的希望是寄托在两个女儿身上，也彻底落了空，被女儿完全抛弃，而艾琳则有两个儿子，只有他们还需要钱的时候才会到这个康复收容院来求老妈帮忙，显然也不是两个非常争气的儿子。在这两个不同故事的背后，都反映着同样的世态炎凉，反映同样的利己社会中冰如冷水的家庭关系，也都是同样的社会对某些落魄者不成功者被遗弃者的"蔑视"，用这部小说中的诅咒来形容，这些被蔑视者都是"臭大粪"！

每个社会都会建立一个自己的价值标准，一个革命的社会有革命的价值标准，一个金钱的社会有金钱的价值标准，一个名利的社会有名利的价值标准。达到这类社会价值标准的就是成功人士，是标兵或明星，是显贵或名人，自然就是"出人头地"的，反则就是没有价值，就会失重而没有分量，就会受到"蔑视"。小说中的女主角艾琳虽然挑战人们对她的"蔑视"，却不是挑战"蔑视"她的这种社会价值标准。她同样拜倒在这样的价值标准之下,只想通过个人努力达到这种社会价值标准,以此对抗或抵消别人的"蔑视"。其实,她对这种价值标准的追求本身也只是一种表面的追求,比如家里要摆设其实已经无用的钢琴和廉价但看似值钱的家具,比如她也想靠买彩票中头彩发笔大财。她自己显然也有虚荣和看重名利的一面,实际上是她也"蔑视"了自己,这是她自己的悲剧所在。

《蔑视》中特别提到了巴尔扎克的"高老头",这种和《高老头》的呼应,说明作者本人在构思自己的长篇系列时,确实参照了巴尔扎克"人间喜剧"的构造,或者说所谓"人物再现"的写法:这个系列中的每部作品都突出塑造一个人物,但各部作品中的人物又有交叉和关联,比如《蔑视》中的艾琳,当然让我们回想到第一部《失忆》中那张有一个单身母亲和两个孩子在一起的照片。当然,在规模上,《失忆的年代》是无法和"人间喜剧"相提并论的,但作者在总序中也已经说过,"这个系列写作计划没有(巴尔扎克)这样去复制社会现实的雄心"。作者是采用比较浓缩的现代小说的精致笔法,用单个场景内一个人物的独白式语言流来表述。在《蔑视》里,是艾琳这个老女人喋喋不休地说话,她的语言应该比较通俗一点，少文人气书卷气而多点俗气，因此译者在翻译中也稍微比前两部要自由一点，以尽量贴近这个人物的本色。

与前两部小说《失忆》和《误解》相比，《蔑视》的荒诞小说色彩也变得越来越明显了。因为受到"蔑视"，没有了分量，所以我们在这部小说看到了"悬浮病"或"失重症"这种荒诞的描写，艾琳的身体居然可以悬浮到天花板上，医生护士要爬到梯子上来为她治疗。这自然又承接前两部的卡夫卡式的荒诞。

据作者自己介绍，《蔑视》是带有自传性的作品。这意味着小说中被称为"艾琳"的女主角是以作者本人的母亲为原型的。当然，小说是文学创作，而不是生活本身，它只是对生活的折射，对社会的透视。否则，作者现在已经是尊贵的瑞典学院的院士，他的母亲足可为这样的一个"出人头地"儿子而感到骄傲，扬眉吐气了。能够超越生活，超越自我，这是作者的功力所在。

《蔑视》中经常出现一个首字母大写的词，现在翻译为"天意"。按照马悦然先生的意见，其实可以翻译成"命运"，但这个词原文"Försynen"和"命运"（瑞典文为"Ödet"）还是不太一样，如比较英文，"命运"原文是"faith"，而"天意"则是"Providence"，首字母大写时，在基督教里还有"上帝"的意思，代表正面地影响人的命运的力量，接近中文说的"老天保佑"中的"老天"之意。

一如既往，我感谢翻译中作者提供的帮助，感谢马悦然先生和陈安娜女士的帮助。感谢责任编辑邵敏先生在文字上的把关。

万 之
2013年5月31日

"失忆的年代"长篇系列

失忆（已出）
误解（已出）
蔑视（已出）
忠诚（将出）
仇恨（将出）
复仇（将出）
欢乐（将出）

世纪出版股份有限公司发行中心电话为 021-53594508 转

图书在版编目（CIP）数据

蔑视／（瑞典）埃斯普马克（Espmark，Z.）著；万之译．——上海：上海人民出版社，2013
（失忆的年代）
书名原文：Föraktet
ISBN 978 - 7 - 208 - 11500 - 2

Ⅰ．①蔑… Ⅱ．①埃…②万… Ⅲ．①长篇小说－瑞典－现代 Ⅳ．① I532.45

中国版本图书馆CIP数据核字（2013）第146475号

Föraktet
© KJELL ESPMARK 1991
ISBN 91-1-300698-3
1991年瑞典北方出版社（Norstedts）第一版
Thanks for the Support from Swedish Arts Council

出品

出 品 人　邵　敏
责任编辑　邵　敏
封面装帧　王小阳工作室

蔑视
［瑞典］谢尔·埃斯普马克著
万之译　　开本

出　　版　世纪出版集团 上海人民出版社 出版
　　　　　（200001　上海福建中路193号 www.ewen.cc）
出　　品　世纪出版股份有限公司上海世纪文睿文化传播分公司
发　　行　中国图书进出口上海公司
字　　数　71 000
ＩＳＢＮ　978 - 7 - 208 - 11500 - 2/1·1153

www.ingramcontent.com/pod-product-compliance
Lightning Source LLC
Chambersburg PA
CBHW070151100426
42743CB00013B/2878